Syrien
von der Wiege der Menschheit bis zur Krise
mit Abriß der Langzeitgeschichte Syriens

Syrien
von der Wiege der Menschheit bis zur Krise
mit Abriß der Langzeitgeschichte Syriens

– 2. Auflage – 2016
ISBN 978-3-939710-18-9

Theorie und Praxis Verlag
Goldbachstr. 2
D 22765 Hamburg

Tel: 040 – 38613849
info@tup-verlag.com

Inhalt

(1.)

Einleitung
Warum dieses Buch?

Syrien ist eines der ältesten, auf Dauer bewohnten Länder der Erde. Seine Städte begründeten die „urbane Revolution“. Seine Kultur ist ein tragendes Element der Weltzivilisation. Nach Ägypten und Irak besitzt Syrien die drittälteste Schriftsprache. Von Ra'saš-Šchamra (Ugarit) aus wurde das Alphabet nach Europa gebracht. Die Sprachen Syriens prägten die Sprachen der Welt mit. Über Jahrtausende hat das syrische Volk eine Hochkultur etabliert und maßgeblich zum Aufbau der Weltzivilisation beigetragen. Insgesamt hat es eine Geschichte des Friedens und der Völkerfreundschaft geschrieben.

Syrische Geschichte ist Universalgeschichte. Schon immer stand Syrien im Mittelpunkt des Weltgeschehens. Von seinem Boden aus verbreitete sich seine Kultur in den alten Orient, und vom Orient in die übrige Welt. Sehr früh bildete sich ein syro-ägyptisches Bündnis heraus, so daß man die Geschichte beider Länder nicht abkoppeln darf. Sie haben Leid und Freud geteilt. Der Schulterschluß wurde während der Konfrontation mit dem *Imperium Romanum*, Byzanz und dem Osmanischen Reich zur historischen Notwendigkeit. Das moderne Syrien imponiert durch den Reichtum und die Vielfalt seiner Kultur.

Die Realität der multikulturellen Gesellschaft Syriens und sein wissenschaftlich-technischer Fortschritt werden in der fremdsprachigen Darstellung kaum angemessen präsentiert. Es gibt keine deutschsprachige Gesamtdarstellung Syriens, die anspruchsvolle Leser zufrieden stellt.

Vor unseren Augen ist Syrien schwer heimgesucht worden. Die Ursachen der Unruhen in Syrien seit Februar 2011 werden sehr unterschiedlich interpretiert. Die westlichen Medien vernebeln bewußt ihre Berichte über Syrien.
Es besteht ein großes Bedürfnis nach Aufklärung, Aufdeckung von Hintergründen und Zusammenhängen.

An den Autor ist der Wunsch wiederholt herangetragen worden, die Unklarheit über Syrien durch Information und sachliche Analyse zu überwinden. Diesem Wunsch gehe ich hiermit nach.

Die vorliegende Monographie soll fachliche Standards erfüllen, gleichwohl allgemein verständlich bleiben. Sie soll dazu beitragen, das Wissen über Syrien und das Verstehen seiner ruhmreichen Geschichte und Kultur zu fördern. Zugleich soll die augenblickliche Krise, ihre Hintergründe und Ursachen transparent vermittelt werden.

(2)

Syrien – Eine Wiege der Menschheit

Das historische Syrien erstreckt sich von der östlichen Mittelmeerküste, der Levante, bis zum Euphrat. Diese Region war schon sehr früh ein bevorzugter Anziehungspunkt der ersten Generationen der Menschheit. Hier wohnten und lebten die Menschen, die sich bald nach Osten und Norden verbreiten und mit sich den Reichtum ihrer Kultur mittragen. Syrien gehört zu den Hochkulturen, die sehr früh eine kodifizierte Linguistik aufgestellt und eine Schriftsprache entwickelt haben. Der syrische Anteil an der Bildung anderer Sprachen ist nicht unerheblich. Diese Tatsache erklärt das sprachgeschichtliche Phänomen, daß wir bei anderen Sprachfamilien keine Stadien bis zur Entstehung einer ausgereiften Sprache besitzen. Beispielhaft seien die sog. „indo-europäischen" Sprachen. Wir kennen sie nur in einem ausgereiften Stadium, was bedeutet, daß sie eine bereits fortgeschrittene Sprache rezipiert haben.

Es sei in Erinnerung gerufen, daß Ausdrücke wie „Aram", Syrien und andere nur in ihrem historischen Kontext gebraucht werden sollen. Hier handelt es sich um Urgesellschaften der Menschheit – lange vor der Entstehung von Nationalstaaten. Aram bzw. Syrien bildete zum Irak, Libanon, Anatolien und Arabien keine Grenzen. Die in der Schöpfungsgeschichte Gen. 1-2 erwähnten 4 Flüsse im Paradies verbinden das Zweistromland mit Syrien.

(3)

Anthroposoziogenese

Auf dem Boden Arams bzw. Syriens spielten sich wichtige Kapitel der Anthropogenese und Anthroposoziogenese ab. Schon in den letzten zwei Millionen Jahren der Anthropogenese war Syrien eine Attraktion. Gemäßigtes Klima, natürliche Vielfalt, Wasserreichtum und Fruchtbarkeit des Bodens machten es zum beliebten Lebensraum. Menschen zogen gerne in das Gebiet östlich des Mittelmeers. Noch vor der Agrarrevolution konnten sie hier seßhaft werden und sich auf Dauer niederlassen.

Urformen der regelhaften Syntax haben sich hier früh entwickelt.
Das Handwerk und die Herstellung von Werkzeugen waren relativ zur anderen zeitgenössischen Produktion auf hohem Niveau.

Mit der Formulierung Anthroposoziogenese wollen wir eine Terminologie zur Geltung bringen, die sich gegen die humanbiologische Nomenklatur absetzt. Der Mensch ist ein historisches und kein biologisches Wesen. Von Syrien aus ziehen ausgeprägte Menschen nach Asien und Europa weiter. Sie nehmen bedeutsame, fein entwickelte Werkeuge mit.

Raʾs aš-Šchamra (Ugarit)
Die Evolution des Alphabets ist die Voraussetzung zur Entfaltung der Schriftsprache. Dazu leistet Syrien einen erheblichen Beitrag. Raʾs aš-Šchamra (Ugarit) war ein Zentrum der Gelehrsamkeit und schöpferischen Leistungen. In Raʾs aš-Šchamra entstand nach den ägyptischen Hieroglyphen und der irakischen Keilschrift Akkadisch das dritte alphabetische Schreibsystem, aus dem sich das Aramäische und Alt-Syrische entwikkelt haben.

(4)

Das biblische Syrien vom Patriarchen Abraham bis zum Apostel Paulus

Zwei der bedeutsamsten Persönlichkeiten der biblischen Geschichte hatten einen Lebensbezug zu Syrien.
Abrahams Lebensreise führte ihn von Ur im nördlichen Irak über Syrien weiter südwärts durch das syrische Ḥurān, dann über die Sinai-Halbinsel bis nach Ägypten, um schließlich von hier nach Arabien bis zum Ḥigāz und Mekka den letzten Abschnitt seiner Wanderung zurückzulegen. Die Entstehung der Kaʿba wird auf Abraham zurückgeführt. Mekka wird zur Endstation der Reise – so die Überlieferung. Heute noch erinnern lokale Traditionen an Aufenthalte Abrahams und seiner Familie. Die südwestliche Region Syriens rühmt sich mit dem Spruch: ***Abraham zog durch Ḥurān.***

Das syrische Binnenland ist überhaupt reich an Gedenkstätten, wo bedeutende historische Ereignisse vor Jahrtausenden und Jahrhunderten stattgefunden haben und heute noch lebendig gefeiert werden.

Es wurde oft darüber diskutiert, wo das Land liegt, „in dem Milch und Honig fließen“. Nach meiner Meinung handelt es sich um den Libanon, ein Name, der auf den Reichtum an Milch, aber auch an Schnee weist. Der Libanon war schon immer ein integraler Bestandteil Syriens.

(5)

Aram und das Aramäische Reich

Die frühere staatspolitische Form Syriens war Aram. Es umfaßte Territorien, die viel weiter reichen als das gegenwärtige Syrien. Im Altertum war es die nächst große staatspolitisch organisierte Region nach Ägypten. Es führte den Namen „Aram". Somit ist es auch unter diesem Namen in die Bibel aufgenommen worden. Aram umfaßte das gesamte Gebiet östlich des Mittelmeeres bis einschließlich des oberen Tigris, Anatolien und das nördliche Arabien. Auf seinem Höhenflug schloß das Aramäische Reich auch Persien ein. Mit dem pharaonischen Ägypten bestanden gesamtgeschichtlich gesehen gutnachbarliche und freundschaftliche Beziehungen. Der kulturelle und wirtschaftliche Austausch war rege. Interheirat – d.h. durch Heirat haben sich unterschiedliche Stämme zu einer größeren Volksgemeinschaft integriert – war keine Seltenheit.

Das Reichs-Aramäische ist eine der bedeutsamsten klassischen Sprachen. Es handelt sich um eine Buchstabenschrift mit 22 Lettern, von denen ein Teil zwei verschiedene Laute ausdrückt. Aramäisch ist mit dem Arabischen stark verwandt. Es kann als eine Entwicklungsstufe der arabischen Sprache, oder auch als Tochter des Arabischen gewertet werden.
Teile der Bibel, z.B. das Buch „Daniel", sind auf Aramäisch verfaßt worden. Heute noch existieren in Syrien, Irak und Anatolien Gemeinden, welche das Aramäische sprechen und pflegen.

Das Reichsaramäische ist die Grundlage des Alt-Syrischen. Bei seiner Weiterentwicklung wurde die Quadratschrift des Aramäischen mit ihren 22 Buchstaben aufgegeben und durch das umfassendere Alphabet ersetzt des Alt-Syrischen ersetzt. Mit seiner Einführung wird das Alt-Syrische als Nachfolger des Aramäischen begründet. Hervorragende Leistungen auf literarischem Gebiet haben einen bis in die Gegenwart reichenden Wert hinterlassen.

Aramäische Handwerksprodukte, Textilien zeigen in internationalem Vergleich einen großen Vorsprung. Architektur und Baukunst überdauern ganze Epochen. Davon zeugen heute noch die Tore der vier Meter hohen Stadtmauer von Damaskus. Aramäische Palastanlagen sind mit Orthostaten aus Basalt verkleidet. Die hochkant stehenden Quader fußen auf stabilen Platten. Die unterste Steinlage beweist unter anderem den Fortschritt der Statik bei den Aramäern. Die Festigkeiten der Bauten ist erstaunlich. Aramäische Funde sind im heutigen Syrien zu sehen und zu bewundern, kommen aber auch gehäuft in den benachbarten Ländern und den östlichen Mittelmeerinseln vor. Aus dem nordsyrischen aramäischen Raum stammen die mit Relief versehenen Metallschalen, gehäuft u.a. in Zypern.

Aus der aramäischen Zeit stammt der Tempel des Gottes Ḥad(d)ād, der später als Kirche dem heiligen Johannes dem Täufer umgewidmet wurde. Später, unter dem Kalifat von Damaskus, wurde er in die „Umayyadenmoschee" umgewandelt. Als solche besteht er heute noch in der Altstadt von Damaskus, dort wo Sūq al-Ḥamīdiyya aufhört. Sie ist die Hauptmoschee und zählt zu den Hauptattraktionen von Damaskus.

Im Mittleren Ägypten wurde eine Briefsammlung in aramäischer Sprache aus der Zeit des Echnaton ausgegraben. Die Briefe waren versiegelt und ungelesen. Die Texte appellieren an den Pharao und bitten ihn um Intervention in Syrien gegen fremdländische Überfälle drohende Invasion. Aus dem Inhalt und der Tatsache, daß die Briefe nicht weitergeleitet wurden, schloß man, daß sie von einem Agenten abgefangen wurden, der verhindern wollte, daß der Pharao Kenntnis davon nimmt und entsprechende militärische Konsequenzen einleitet.

(6)

Syrien unter der Herrschaft der persischen Achaimeniden (539-333 v.Chr.)

Der Zugriff der Achaimeniden auf Syrien im Jahr 539 v.Chr. wurde mit heftigem Widerstand beantwortet.
Nach einem langen Höhenflug des Neuen Reiches zeigt sich eine Schwächung der Zentralgewalt. Nach dem Ende der Sechsundzwanzigsten Dynastie nutzte das expansive Persien das Machtvakuum. Das deutlich geschwächte Ägypten wurde zum Hauptangriffsziel der Achaimeniden. Memphis war außerstande, die Sicherheit des Reiches zu gewährleisten. In dieses Machtvakuum griffen die imperialistischen Achaimeniden ein. Es hat eine gewisse Zeit gedauert, bis die Abwehr wieder organisiert werden konnte.

Unter Führung des altersmäßig jungen, strategisch begabten Alexanders konnten die ägyptenloyalen Kräfte die Achaimeniden aus all ihren Positionen östlich und südlich des Mittelmeeres vertreiben.

Rasch wurde als erstes Syrien nach der Schlacht bei Issos befreit. Im Anschluß daran wurde Palästina nach einer für beide Seiten verlustreichen Schlacht bei Ġaza frei. Nach der entscheidenden Konfrontation in Ägypten selbst waren die Achaimeniden aus all ihren Bastionen verjagt. Alexander und seine Truppen wurden gefeiert. Alexander zog vor den Haupttempel des Ammon in der Oase Sīwa, um dem Hauptgott die Ehrerbietung zu bekunden.
Entgegen verbreiteter Annahme (z.B. bei Jan Assmann) war Alexander nicht bis Theben gekommen, was er sehr gerne getan hätte. Leider aber starb er überraschend vor der Erreichung seines Ziels an Fieber.

Der Feldzug Alexanders d.Gr. 333 v.Chr., die erbitterten Niederlagen der Achaimeniden und ihre Flucht aus den besetzten Territorien mußten unvermeidlich zum Ende ihrer Herrschaft in Persien selbst führen.

(7)

Syrien unter den Seleukiden (323-312 v.Chr.)

Nach dem Tod Alexanders 323 v.Chr. wurden die von ihm eroberten Territorien unter den Diadochen aufgeteilt. Ägypten wurde den Ptolemäern, Syrien, Irak und Iran den Seleukiden zugeteilt.

Trotz der Kurzlebigkeit ihrer Herrschaft konnten die Seleukiden deutliche Spuren hinterlassen. Ihr Erbe zeugt von ihrer Baufreudigkeit, kühner Städteplanung und Kunstliebe. Mehrere Städte tragen ihren Namen Seleukia, ein Ausdruck, der heute nur noch im archäologischen Diskurs verwendet wird.

Hingegen herrschten die Ptolemäer in Ägypten bis 30 v.Chr. Unter Kleopatra VII. wurde Ägypten in der Seeschlacht von Aktium im Jahr 31/30 v.Chr. von Rom besiegt.

Während der Regierungszeit der Seleukiden in Syrien und der Ptolemäer in Ägypten wurde die Koine als Sprache der Administration und der Wissenschaft auf- und ausgebaut. In einer großen Weltregion, die von Nordafrika und Ägypten bis weit nach Syrien, Mesopotamien, Anatolien und Griechenland reicht diente die Koine als eine Sprache der internationalen Komunikation. Diese Funktion behielt sie bis zu ihrer Ablösung durch das Arabische im 7. Jahrhundert. Als Beispiel sei der syrische Autor Lukian (Lucien) – ca. 125-um 200 – genannt.

(8)

Das Nabatäerreich (seit 312 v.Chr.)

Schon im Jahr 312 wurde Syrien in das arabische Nabatäerreich eingegliedert. Die Nabatäer waren eine mächtige aber auch tolerante Dynastie, die sich mit dem Volk identifizierte.

Sehr oft haben die Römer den Versuch unternommen, ihre Fremdherrschaft auf nabatäische Territorien auszudehnen, mußten jedoch eine Niederlage nach der anderen einstecken und kläglich die Flucht ergreifen. Wenn sie kurzfristig eine Position besetzten, wurden sie rasch von den Nabatäern vertrieben. Syrien wurde in das arabische Nabatäerreich eingegliedert. Damit beginnt für Syrien eine neue Blütezeit.

Das Nabatäerreich integriert verschiedene kleine Staaten zu einer großen zusammengehörigen Volksgemeinschaft. Den Nabatäern ist es zu verdanken, daß das Arabische sprachlich normiert wurde. Die Grundlagen der arabischen Klassik wurden gelegt. Die Übernahme des nabatäischen Arabisch durch Muḥammad und das Kalifat führten zu seiner Verbreitung über eine große Weltreligion.

In Ägypten hingegen wurden die Ptolemäer heimisch und von Teilen des ägyptischen Volkes im Nildelta akzeptiert und unterstützt. In Oberägypten mit Asyut (Lykopolis) als Hauptstadt wurden sie lange bekämpft.
Die Ptolemäer identifizierten sich mit Ägypten. Sie riefen sich als einunddreißigste Dynastie aus. Der ägyptische Historiker aus der frühen Ptolemäerzeit Maneto hat sie zwar nicht als eine Dynastie in der Tradition der Pharaonen anerkannt, doch mit zunehmender Integration in das ägyptische Leben und der Identifizierung mit den Interessen des ägyptischen Volkes haben die Ptolemäer eine breitere Akzeptanz am Nil erfahren und wurden auch als Einunddreißigste Dynastie in die pharaonische Herrscherreihe eingereiht.

(9)

Frühste Christianisierung Syriens

Palästina wurde schon im Jahre 66 von den Römern angegriffen und besetzt. Ihr Ziel war die physische Vernichtung der Urchristen, deren Lehre für den Bestand des Römischen Reiches als große Bedrohung empfunden wurde. Mit der Besetzung Palästinas im Jahr 66 und Ägyptens 68 begann die Christenverfolgung. Die Urgemeinde mußte nach Jerusalem auswandern. Nach dem Einmarsch der Römer konnten die Jünger und ihre Gemeinde rasch den Jordan überquerten. Sie gelangten unversehrt in das Nabatäische Hoheitsgebiet. Die Jünger und die Urgemeinde waren so vor dem Zugriff der Römer geschützt.

Die nabatäischen Herrscher waren selbst keine Christen. Ihrer Toleranz jedoch ist es zu verdanken, daß das Christentum überleben konnte. Die Jünger verlegten ihren Sitz von Quds (Jerusalem) nach Pella, etwa 20 km östlich des Jordans.
Die europäische Kirchengeschichtsschreibung verdunkelt diese Tatsachen. Geschichtsrevision ist notwendig:
In Pella östlich des Jordans errichteten die Apostel ein Kirchenzentrum, von dem aus die weltweite Mission organisiert werden konnte. In Pella wurde das erste Evangelium geschrieben, und zwar in arabischer Sprache, wie ich dies an anderer Stelle ausführlich dargelegt habe.[1] Kirchenhistorisch muß die Tatsache herausgestellt werden, daß das Christentum seinen Bestand und seine Verbreitung den Nabatäern zu verdanken hat. Sie selber waren nicht Christen, dennoch förderten sie das Überleben und die Verbreitung der Urkirche. Unmittelbar unter ihrer Residenz in Petra, eigentlich Batrā', konnte Paulus vierzehn Jahre lang u.a. in Wādī ʿAraba missionieren und predigen (Gal. 1,17-2,1).

Paulus, der ja nicht zum Zwölferkollegium zählt, hat nach seiner Bekehrung zum Christentum Damaskus als Sitz gewählt (Gal. 1,17).
Seine umfangreiche missionarische Tätigkeit hat er unter den Nabatäern auf dem Gebiet des heutigen Jordaniens begonnen. Unter ihnen konnte er sein ausgedehntes Missionswerk führen. Er konnte frei wirken und

---

[1] Khella, Karam, Jesus und die Ursprünge des Christentums, Hamburg 2001

Anhänger gewinnen. Wie er selber im Galaterbrief berichtet, hat er unter anderem im Gebiet von Wādī ʿAraba vierzehn Jahre als Missionar tätig sein können. Im Anschluß kehrte Paulus nach Damaskus zurück (Gal. 1,17). Nachdem er Ortsgemeinden in Nordarabien (Jordanien) und Syrien gegründet hat, die bis heute noch bestehen, zog er nach Anatolien, dann nach Griechenland, Mazedonien und weiter bis Italien und Rom. In Damaskus schrieb Paulus einen Teil seiner Epistel, die soweit erhalten sind, daß sie zum wichtigen Bestandteil des Neuen Testaments geworden sind. Von Syrien, Jordanien und Ägypten aus verbreitete sich das Christentum in die übrige Welt. Auch das heutige Syrien ist auf diese Tradition sehr stolz.
Die alt-syrische Bibelübersetzung Bschita (Bšiṭa) hat für die Wiederherstellung des Urtextes einen hohen Wert. Sie steht dem Original sehr nahe. In den ersten christlichen Jahrhunderten standen den syrischen Autoren mehrere Sprachen zur Wahl: Aramäisch, Alt-Syrisch, Arabisch und Koine. Das literarische und wissenschaftliche Schaffen syrischer Autoren zählt zu den ältesten Bestandteilen der gesamtmenschlichen Bibliothek. Das syrische Schrifttum bildet einen wichtigen Bestandteil der Weltliteratur.

Wiederholt versuchte das römische Reich Syrien zu besetzen, scheiterte jedoch am entschlossenen Widerstand seines Volkes zusammen mit den Nabatäern.

(10)

Das Königreich Tadmūr (Palmyra)

Die syrische und arabische Bevölkerung bildete eine Bastion gegen die Expansionsabsichten des römischen Imperiums. Tatsächlich ist es Rom nie gelungen, Positionen in dieser Region auf Dauer zu halten. In ganz Syrien entfalteten sich Kultur, Literatur und Wissenschaft. Der Austausch mit den Nachbarstaaten war intensiv. Der Welthandel gedieh. Die internationalen Handelswege – die Seiden- und die Weihrauchstraße – kreuzten Syrien. Diese Tatsache trug dazu bei, daß in seiner weiten Region Kultur- und Wirtschaftszentren entstanden.

Eine besondere Bedeutung erlangte dabei Tadmūr (Palmyra). Das rege Wirtschaftsleben und die Kulturfreudigkeit seiner Fürstinnen und Fürsten bauten es zu einem Königreich auf, das selbst Rom trotzen konnte. Die Kaufleute und der Fernhandel hatten starkes Interesse daran, römisches Einflussgebiet zu umgehen. So wuchs nach und nach die einstige Oase am Schnittpunkt und Umschlagplatz des Welthandels. Zahlreicher Karawanenwege führten über Tadmūr. Die Fernreisenden konnten sich hier längere Aufenthalte einlegen. Neben dem Geschäft nahmen sie am kulturellen Leben Palmyras teil. Das Handels- und Kulturzentrum wuchs stetig. Die Bevölkerung war zumindest überwiegend arabisch. Arabisch war die amtliche Landessprache. Sehr schnell ist Tadmūr in den ersten Jahrhunderten n.Chr. zu Wohlstand gekommen. Es wurde zur Hauptattraktion der gesamten Region und der Nachbarländer. Wegen seines Reichtums an Palmen wurde Tadmūr von Griechen und Römer, die hier häufig zu Gast waren, Palmyra genannt. Unter diesem Namen ist die Stadt in die europäische Geschichtsschreibung eingegangen. Zeitgenössische Geographen sprachen vom Kronjuwel des ganzen Orients. 235 n.Chr. ist Tadmūr ein unabhängiges arabisches Königreich geworden.
Einer der bedeutenden Herrscher von Tadmūr war der arabische Aristokrat Uḏainăt, den die Römer Odenathus, die Griechen Odenathos genannt haben. Er konnte nach langen, zum Teil militärischen Auseinandersetzungen mit den Sassaniden den Weg zum Arabisch-Persischen Golf für den Karawanenhandel freikämpfen. Damit wurden die Seewege nach Indien und Südostasien erschlossen. Der kombinierte Land-See-Weg stand unter dem Schutz der Könige von Palmyra. Er stellte die Verbindung zwischen

den Karawanenwegen aus Afrika und der Malakastraße her und wurde damit zur wichtigsten Route des Welthandels.

Tadmūr durch den Mittelbogen des Tripylons ist der Ba'l-Tempel zu sehen.

Um diesen wirtschaftlich und politisch bedeutsamen Erfolg gegen Ktesiphon zu erzielen, mußte Uḏaināt mit dem in Damaskus amtierenden Prätendenten von Syrien, der formell dem Römischen Kaiser unterstand, ein Bündnis schließen.

Das Königreich Tadmūr (Palmyra) genoß weltweit hohes Ansehen.

Wie sehr Rom König Uḏaināt geachtet hat, läßt sich an den Titeln erkennen, mit denen er überhäuft wurde, darunter *Corrector totius Orientis*: (Reichsverweser des ganzen Orient. Uḏaināt starb in großen Ehren. Er wurde mit großer Trauer und unter internationaler Anteilnahme zu seinem Mausoleum getragen.

Als Nachfolger Uḏaināts wurden gleichzeitig seine Frau Baṯ-Zabbai, als Zenobia berühmt geworden, und sein noch nicht volljähriger Sohn Wahb-Alla (Wahb-Allāh).

Zenobia (li. nach einem Original des syrischen Museum / Damskus; rechts Zeichnung des syrischen Künstelers Burhān Karkutli

Zenobia, 267-273 Königin von Tadmūr stand ihrem Gemahl in nichts nach. Sie war die bedeutendste politische Persönlichkeit ihrer Epoche. Ihr Ruhm stellte den römischen Kaiser in den Schatten. Immerhin mußte Rom sie mit dem Titel *Augusta* ehren. In allen Staaten der damaligen Welt genoß sie Anerkennung und Achtung. Das hohe Ansehen der damaligen Großreiche war mit dem Tadmūrs identisch.

Die Bedeutung Zenobias in der Weltpolitik sei an einem Beispiel veranschaulicht:

Ein Zeitgenosse Zenobias war der Philosoph Paulus von Samosata. Er vertrat eine Theologie, die Jesus als Menschen betrachtet, der von einer unpersönlichen göttlichen Kraft erfüllt wurde. Die Lehre Pauls war anthropologisch ausgerichtet. Im Vergleich zur metaphysischen Christologie vertrat Pauls von Samosata eine rationale Weltanschauung. Dabei verfügte Paulus über ein hohes kirchliches Amt. Seit ca. 260 war er Bischof von Antiochien. Die syrische Metropole ist eine der drei (bzw. vier) apostolischen Stühle. Der Großkirche war nicht gleichgültig, welche theologische Positionen der Patriarch von Antiochien vertritt. Sie konnte die Lehre von Paulus aus Samosata nicht tolerieren und verurteilte ihn als Häretiker.

In diesen schweren Kirchenstreit griff Königin Zenobia von Palmyra ein. Sie hat den Ketzer auf ein hohes Amt nach Palmyra berufen.
Überhaupt hat es Zenobia verstanden, führende Philosophen und oppositionelle Theologen um sich zu sammeln und damit ihre eigene Autorität und weltpolitische Position zu stärken. Paulus wurde von ihr in das Amt eines Dukenarios, das ist ein Staatsbeamter mit 200.000 Sesterzien Einkommen (eine Summe, die mit dem Gehalt eines hochdotierten Staatspräsidenten der Gegenwart zu vergleichen ist), eingesetzt. Er konnte hier zum Ärger des Bischofsstuhls von Alexandrien und Rom politisch und theologisch wirken.

Die politische Macht Zenobias und ihre internationale Anerkennung wuchsen stetig. Auch in Europa wurde sie populär. Ihre Anhängerschaft organisierte ihre Krönung als Kaiserin von Rom. Ihr Einzug in die Hauptstadt des *Imperium Romanum* wurde als eine Befreiung von den reaktionären machtpolitischen Kaisern gefeiert.
Ihrerseits konnten diese die Niederlage nicht dulden. Aurelian organisierte die Konterrevolution. Er verhaftete und folterte Zenobia. Im Anschluß daran marschierte er nach Palmyra und besetzte es. Er verwüstete Tadmūr, das vom römischen Heer geplündert wurde.
Durch die Einnahme von Palmyra durch Kaiser Aurelian im Jahr 272 wurde auch Paul von Samosata seiner Ämter beraubt.

Mit der römischen Invasion, Plünderung und Zerstörung von Tadmūr im Jahr 272 war das Königtum Palmyra nicht am Ende. Die Bevölkerung unter der Führung von Zenobia leistete Widerstand.
Die römischen Soldaten flüchteten dorthin, wo sie konnten.
Die Römer brauchten ein ganzes Jahr, um ein neues Heer aufzustellen. Erst 273 haben die Römer in einer zweiten Aggression Tadmūr dem Erdboden gleichgemacht. Damit endete das unabhängige Königreich Tadmūr. Der Sieg der Römer erwies sich als ein Trugschluß. Er leitete den langen und endgültigen Niedergang des *Imperium Romanum* ein.

Tadmūr hat sich gegen das *Imperium Romanum* und das Sassanidenreich lange behaupten können, es war aber kein Einzelfall.

(11)

Frühe arabische politische Integration (5. Jhd. vor bis 632 nach Christus)

Auf dem syrischen, anatolischen, irakischen Raum und auf der arabischen Halbinsel existierten Mini-Staaten, in denen eine arabische Aristokratie über Jahrhunderte herrschen konnte. Bestand und Ausdehnung dieser Fürstentümer und Königreiche hing von zeitlich und regional bedingten Machtverhältnissen ab. In einer Ära und einer Region, in der sich die Staatenwelt noch nicht stabilisiert hatte, war das Überleben von staatlichen Organisationen außerhalb, ja gegen den Willen der Großen – das sind insbesondere die Pharaonen, Rom, die Achaimeniden, die Sassaniden und Byzanz – schwer. Die trotzigen Kleinfürstentümer und Stadtstaaten mußten auf viele taktische Überlegungen und größere Machtstrukturen Rücksicht nehmen, ohne ihre eigene Identität und Interessenlage aufzugeben. War ihnen das Manövrieren zwischen den Großreichen bei gleichzeitigem Aufbau der eigenen Basis und Macht gelungen, so konnten sie bestehen.

Im Zweistromland, in Syrien und in Palästina sind Kleinstaaten entstanden, die lange Zeit von der ortsansässigen arabischen Aristokratie geführt wurden. Im Verlauf von Jahrhunderten wanderten Araber in die Länder des Hilāl al-Ḫaṣīb, das ist die halbmondförmige Region Palästina-Syrien-Mesopotamien um die syrisch-arabische Wüste. Von diesen Ländern wanderten ebenfalls, wenn auch in geringerem Umfang, Menschen, zumeist verfolgte Gemeinschaften, in die weniger fruchtbare, aber nach außen abgeschirmte arabische Halbinsel. Wirtschaftlicher, kultureller und sprachlicher Austausch hat zwischen den Völkern östlich des Mittelmeers und im Zweistromlandes und Arabiens schon immer bestanden. Scharfe Grenzen existierten nicht.
Auf der Halbinsel Arabien zwischen dem Golf und dem Roten Meer verlief die Entwicklung ähnlich. Von Jemen und Ḏufār und Oman im Süden bis Jordanien und Palästina im Norden wuchsen die süd- und nordarabischen Fürstentümer zu größeren Gemeinschaften und politischen Einheiten, darunter das Nabatäerreich seit dem fünften Jahrhundert vor Christus.

Die Einwanderung von Arabern nordwärts wurde von der bodenständigen Bevölkerung ebenso als selbstverständlich angesehen wie der Gegenzug. Die benachbarten Volksgemeinschaften näherten sich einander an, wuchsen zu einer großen Population zusammen und integrierten sich. Sie tauschten Ideen und Waren aus. Sie teilten gemeinsam Wohl und Leid. In allem waren sie aufeinander angewiesen.

Am Prozeß der Staatswerdung haben arabische Teile der Aristokratie maßgeblichen Anteil genommen. In diesen Kleinstaaten herrschten Araber nicht als eine fremde Macht, sondern aufgrund ihrer innerstädtischen Machtposition. Als Großkaufleute mit Verbindungen zum internationalen Handel hatten sie Interesse daran, Fernstraßen, Transportwege, Umschlagplätze und Märkte zu sichern, Steuern und Zölle zu senken. Sie bildeten eine starke Fraktion der städtischen Aristokratie. Ihre Macht basierte unter anderem auf dem Besitz von Boden, Viehherden oder Karawanen für den Fernhandel. In ihrem Herrschaftsbereich müssen sie über eine genügende soziale Basis verfügt haben, die ihre Macht legitimiert hat. Vom akkumulierten Reichtum zweigte die arabische Oberschicht Anteile ab für den Ausbau der Infrastruktur, aber auch besonders für wohltätige Zwecke und nicht zuletzt zur Errichtung prächtiger Bauten, kunstvoller Werke und Monumente, die heute noch an die glanzvolle Vergangenheit erinnern.

Der nordwestliche arabische Staat al-Ḥīra wuchs aus einer Ansiedlung heraus, die wegen der hier getroffenen sozialpolitischen Organisation große Anziehungskraft auf andere arabische Stämme und Handwerkerfamilien ausübte. Um 400 war der Ḥīra-Staat bereits konsolidiert. Unter dem Fürst al-Munḏir und seinem Sohn an-Nuʿmān und ihren Nachfolgern stabilisierte sich al-Ḥīra zu einem wehrfähigen Königreich. Wichtiger Bestandteil der Volkswirtschaft hier war der Warenaustausch zwischen Ḥīra und Nachbarstaaten sowie mit Beduinenstämmen, Bauern und Handwerkern. Von noch größerer Wichtigkeit war die geographische Lage im Schnittpunkt zwischen Arabien, Mesopotamien und Persien. Ḥīra profitierte vom transarabischen und internationalen Handel.

Die in Ḥīra herrschende Dynastie der Laḫmiden verbündete sich mit den Sassaniden. 421 n.Chr. kämpften sie zusammen gegen Byzanz. Der Sassanidenherrscher, zu diesem Zeitpunkt Šahanšah Bahram V. Gor, war selbst in Ḥīra erzogen worden, bevor er 420 den Pfauenthron bestieg.

Im 5. Jahrhundert n.Chr. war der politische Konsolidierungsprozeß auf der arabischen Halbinsel sehr fortgeschritten, so daß in Zentral- und Nordarabien weitere Staatsgefüge entstanden sind. Im 5. Jahrhundert n.Chr. wurde das Reich der Kinda in Zentralarabien etabliert. Es behauptet sich bis zum 6. Jahrhundert. Die staatspolitische Entwicklung polarisiert sich dann zwischen den beiden Reichen der Laḫmiden und der Ġassāniden. Der Staat der Ġassāniden wurde etabliert in Nordarabien einschließlich Ostjordaniens und erstreckte sich bis Syrien. Die Geschichte der beiden Dynastien ist erfüllt von heftigen Auseinandersetzungen, sowohl um die absolute Herrschaft in Arabien als auch um die Kontrolle der Handelsstraßen in Westasien. Dabei mischen sich die beiden Großreiche der Ġassāniden und der Byzantiner ein und versuchen, jeweils die eine Dynastie auf ihre Seite zu ziehen und gegen die andere auszuspielen. Der Ġassānidenkönig al-Ḥāriṯ b. Ǧabala konnte durch seinen Sieg über den Laḫmidenrivalen al-Munḏir III. seine Herrschaft über weite Teile Arabiens ausdehnen und von dort aus nordwärts ziehen, wobei er an der Niederschlagung des Aufstandes der Samariter von 529 beteiligt war.

Bemerkenswert ist die Teilnahme von Literaten der jeweiligen Partei an dem Streit um die politische Macht. Sie begleiteten ihn nicht militärisch, dafür rhetorisch, aber nicht weniger heftig.

Der bedeutende byzantinische Kaiser Justinian bemühte sich um die Gunst des arabischen Königs Ḥāriṯ b. Ǧabala und zeichnete ihn in Syrien zum König aller Araber aus. Dadurch wollte der Kaiser seine Macht in Anatolien durch arabische Rückendeckung stärken. Vielleicht wollte der Kaiser von Byzanz zumindest eine Scheinjurisdiktion über Arabien erhalten. Wie wir wissen, ist dieser alte byzantinische Traum nie in Erfüllung gegangen. Jahrhundertealte Erfahrungen lehrte die Byzantiner, daß sie sich nie auf einen Krieg mit arabischen Wehrleuten einlassen sollten und besonders dann nicht, wenn die Schlacht in der Wüste stattfindet. Für fremde Invasoren gab es von hier keine siegreiche Rückkehr. Seitdem versuchte Byzanz in der Nachfolge Westroms, seine Ziele mit diplomatischen Mitteln zu erreichen.

Im 6. und 7. Jahrhundert konnte die arabische Gesellschaft ihre Unabhängigkeit gegen die beiden Großmächte, das Sassanidenreich und Byzanz, weiterhin behaupten. Welche militärische, politische und ökonomische Bedeutung die Araber besaßen, läßt sich ablesen aus dem fünfzig Jahre geltenden Friedensvertrag zwischen Byzanz und den Sassaniden von

561. Er verbietet den Vertragsparteien ausdrücklich, arabische Kräfte zur Durchsetzung eigener Interessen gegen den anderen Vertragspartner in Anspruch zu nehmen. Die Ġassāniden waren schon lange Christen, als das Schisma von Chalkedon vollzogen war. Nach der Spaltung der christlichen Kirche 451 hielten sie an der Lehre der Natureneinheit fest. Sie unterstürzten bewußt die von Byzanz nicht als orthodox anerkannte Eine-Natur-Lehre, die bis dahin als rechtgläubig gegolten hat. Jurisdiktionell unterstanden die Christen Arabiens dem ägyptischen Papst.

Die Laḫmiden haben auf ihren Territorien ketzerische Konfessionen toleriert und teilweise gefördert, selbst jedoch waren sie keine Christen. Erst der letzte Laḫmiden-König an-Nuʿmān III. Ibn al-Munḏir IV. trat um 580 dem Christentum bei. Die christliche Religion war zu diesem Zeitpunkt sehr verbreitet in seinem Reich. Eines Tages mußte er einen seiner Untertanen zum Tode verurteilen. Dieser jedoch bat ihn, ihm drei Tage Zeit zu geben, um die Verhältnisse in seinem Stamm zu regeln. Der König ließ sich auf die Bitte ein, nachdem der Todeskandidat versprochen hatte, zurückzukommen. Als er tatsächlich zurückkehrte, wunderte sich an-Nuʿmān. Er war sehr beeindruckt und fragte den Verurteilten, der sich freiwillig dem Henker ausliefert:

Nuʿmān: Warum bist Du zurückgekommen?
Verurteilter: Ich muß doch mein Versprechen einlösen.
Nuʿmān: und wer verpflichtet Dich, ein Versprechen einzulösen?
Verurteilter: Meine Religion.
Nuʿmān: Welche?
Verurteilter: Das Christentum.
Nuʿmān: Erkläre mir ihren Glauben.
Darauf nahm an-Nuʿmān das Christentum an und ließ sich taufen.
Der Verurteilte wurde begnadigt.

Der Prozeß der arabischen politischen Integration reifte während eines ganzen Jahrtausends aus. Vor dem Hintergrund der eben berichteten langen historischen Entwicklung läßt sich der rasche Auf- und Ausbau des Arabisch-islamischen Weltreiches vom Jahre 632 an verstehen. Binnen etwas mehr als einem Jahrhundert (632-750) entstand das größte Weltreich der Menschheitsgeschichte. Es erklärt auch, warum die Expansion des Kalifats mit dem Begriff „fatḥ“ umschrieben wird. Er bezeichnet die gegenseitige Öffnung der Territorien, die Bildung einer großen zusammengehörigen Lebensgemeinschaft mit Ökonomie auf der Basis größerer Wirtschaftsräume.

(12)

Eingliederung Syriens in das Byzantinische Reich

Der Verfall des Römischen Reiches war schon im dritten Jahrhundert sichtbar. Als Konstantin 311 die politische Macht angetreten hat, erkannte er, daß der Niedergang des Reiches im Westen nicht aufzuhalten war. Er hat sich entschlossen, das Machtzentrum vom Westen in den Osten zu verlegen. Auf dem Boden der anatolischen Ortschaft Byzanson gründete er die neue Hauptstadt des Römischen Reiches und gab ihr seinen eigenen Namen: Konstantinopel. Von dort blickte er unmittelbar auf Syrien. Konstantin bekehrte sich zum Christentum, das er als einigenden Faktor des Reiches funktionalisieren wollte: Ein Reich, eine Religion, ein Kaiser. Unter Konstantin wurde die Verkirchlichung des öffentlichen Lebens eingeleitet. Er konstituierte die Reichskirche, die allein als rechtgläubig staatlich deklariert wurde.

Im vierten Jahrhundert wurde das damals vollständig christianisierte Syrien in das byzantinische Reich eingegliedert. Die allgemeinen Konzilien erkannten die Lehre der ägyptischen Päpste als alleingültig an. Ihnen folgten die Kaiser von Konstantinopel, die sie ihrerseits als allgemein verbindlich für das Römisch-byzantinische Reich kanonisierten.

Die staatspolitische Perspektive – die Christianisierung werde die Bindung der Untertanen an den Staat stärken und ihre Loyalität sichern – ist nicht in Erfüllung gegangen. Im fünften Jahrhundert erfahren wir aus zeitgenössischen Dokumenten, daß in Ägypten und Syrien heftige Widerstandskämpfe gegen die Reichspolitik entflammt waren.

(13)

Syrien und Ägypten gegen Byzanz

Im Jahr 451 haben Rom und Byzanz den Dualismus zum Kirchendogma erhoben. Ägypten, Syrien und andere Kirchen widersetzten sich und hielten am Einheitsprinzip fest. Dafür entfesselten Byzanz, Rom und die Reichskirche grausame Wellen der Verfolgung gegen die ägyptischen und syrischen Christen. Während der langanhaltenden Verfolgung sind Massen von Christen in Syrien und Ägypten ihres Glaubens wegen den Martyriumstod gestorben. Auch in dieser Frage erwies sich die Einheit der Syrer und Ägypter einmal mehr als unverbrüchlich.

An der Frage „Einheit oder Dualismus" spaltet sich die christliche Kirche. Der Dualismus als kirchliches Dogma wurde erstmalig auf dem Spaltungskonzil von Chalkedon 451 sanktioniert. Das Schisma besteht heute noch.
Die Kopten und die christlichen Syrer werden im konfessionskundlichen Sprachgebrauch als „Jakobiten" bezeichnet. Andere Kirchen des Orients schlossen sich den Jakobiten an. Diese Formierung besteht seit knapp sechzehnhundert Jahren. Es wäre reduziert, die Frontbildung nur unter dogmatischen Gesichtspunkten zu sehen. Das kirchliche Schisma widerspiegelt einen politischen Widerspruch, der als Glaubensgegensatz in Erscheinung tritt.
Der Dualismus von Herrschern und Untertanen widerspiegelt sich als dualistische Christologie.
Aber auch in anderen Fragen demonstriert die Langzeitgeschichte die tief verwurzelten Gemeinsamkeiten und Bündnisse bis hin zur Einheit der beiden Völker von Syrien und Ägypten.

(14)

Die Befreiung Syriens und Ägyptens von der byzantinischen Herrschaft

Die römisch-byzantinische Fremdherrschaft wurde in Syrien und Ägypten heftig bekämpft, wobei viele Widerstandskämpfer ihr Leben für die Freiheit opfern mußten.

Das Blatt der Geschichte hat sich gegen Byzanz gewendet seitdem in Arabien im Anschluß an den Islam im Jahr 632 Armeen aufgestellt wurden. 634 starteten sie den Marsch zur Befreiung der von Byzanz besetzten Länder. Syrien wurde schon 634, Ägypten 638-646 frei. Andere Länder folgten.
Erst durch die Befreiung der von Byzanz besetzten Länder durch die arabischen Heere in den Jahren 634 und danach konnte die brutale Verfolgung von Anhängern der christlichen Einheitslehre durch die byzantinischen Kaiser beendet werden.
Die Einheitslehre (im Islam „tawḥīd“) ist ein grundlegender gemeinsamer Nenner von Christen und Muslimen.

Das Kalifat schloß mit Konstantinopel einen Friedensvertrag, der den byzamntinischen Kaisern Hoheit über einen Großteil Anatoliens garantiert. Die Grenze wurde durch Syrien nördlich Aleppos gezogen und führte dazu, daß der zu Byzanz gehörende Teil Syriens christlich blieb und das die Christen dieser Region als „Rūm“ (abhängig von „Neu-Rom“) genannt wurden

(15)

Das arabische Syrien

Lange vor dem Islam haben intensive Beziehungen zwischen Syrien und Arabien bestanden. Eine Nord-Süd- und noch intensiver eine Süd-Nord-Wanderung findet während der ganzen Geschichte statt. Arabisch als Sprache war in Syrien noch vor der arabischen Eroberung vertraut. Es hat das Aramäische ebenso beeinflußt wie in geringerem Maße umgekehrt. Schon in dieser Zeit brachte Syrien hervorragende arabisch redende Dichter, z.B. an-Nābiġa az-Zubiānī, hervor.

Vor diesem Hintergrund versteht sich, warum die arabische Eroberung rasch stattfinden konnte. Die syrische Bevölkerung begrüßte das arabische Heer unter Ḫālid b. al-Walīd (634).

Das Werk von al-Baladurī[2] ist eine primäre Quelle ersten Ranges. Der Autor stand den Ereignissen sehr nahe und referierte sie in einer beeindrukkenden Objektivität.

Mit der arabischen Eroberung verbreitete sich das Arabische in Syrien auf Kosten des Aramäischen und des Syrischen. Seit der Reform des Kalifen ʿAbd al-Malik (685-705) wurde Arabisch die Amtssprache, später die alleinige nationale Sprache Syriens.

[2] Al-Baladurī, Futūḥ al-buldān (mehrfach aufgelegt)

(16)

Damaskus (1)

Damaskus ist eine der ältesten auf Dauer bewohnten Städte der Welt. Sie war auf Dauer bewohnt, erst jedoch seit der arabisch-islamischen Geschichtsära Hauptstadt. Die alte Stadtmauer widerspiegelt die Langzeitgeschichte Syriens. Die sieben Tore, die in die Mauer eingelassen sind, tragen historische Namen. Mit einer Länge von vier Kilometern umschließt sie die Altstadt und grenzt sie gegen die Neustadt ein. Das Östliche Tor, al-Bāb aš-šarqī, ist archäologisch, architektonisch aber auch mit Hinblick auf die Mobilität und verkehrsmäßige Kommunikation besonders wichtig. Es dient zudem als Hauptpassage zwischen der Alt- und Neustadt.

Besonders eindrucksvoll ist die Beobachtung, daß die Beschreibung von Damaskus, wie sie vor fast zweitausend Jahren in der Apostelgeschichte des Lukas dokumentiert ist[3] mit dem heutigen Damaskus voll identisch ist. Über Jahrhunderte haben Stadtplaner darauf geachtet, daß bei Erneuerungsarbeiten und Sanierungsmaßnahmen die Struktur des alten Damaskus erhalten bleibt.

Die Hauptstraße der Altstadt ist die *„Gerade Straße“* („aṭ-Ṭarīq al-mustaqīm“). Sie wird mit diesem Namen von Lukas in der Apostelgeschichte erwähnt. Diese ungewöhnliche Privilegierung und Kontinuität sind einzigartig. Damaskus kann darauf mit recht stolz sein. Immerhin ist die biblische Straße oft zum Schauplatz bedeutsamer historischer Ereignisse geworden. In Verbindung mit der Bekehrung des Paulus markiert sie eine Wende im frühsten Christentum.[4] Sie gilt als die älteste bestätigte Straße der Welt. Die „Gerade Straße“ bildet die West-Ost-Achse der Hauptstadt.
Zur Renovierung der Altstadtmauer liegen verschiedene architektonische Entwürfe vor. Nach wie vor wird bei notwendigen Renovierungen der Stadtmauer und der Tore sorgfältig darauf geachtet, daß sich Altes und Neues harmonisch ergänzen. Der Erfolg ist jedoch vor allem denen zu

---

[3] Apostelgeschichte, Kapitel 9,11

[4] Apostelgeschichte, Kapitel 9

verdanken, welche im Altertum die Stadtmauer mit ihren sieben Toren erbaut haben. Ihre Statikberechnung, Architektur und Baukunst erlauben es, daß auch Jahrhunderte später an ihrer Grundstruktur weiter gearbeitet wird, ohne sie ändern zu müssen. Ein Hauptprinzip dieser Bauformen ist das *„Begrenzen und Einfassen"*. Als Resultat besteht jede Baueinheit mit eigenen Formen für sich, zugleich gliedert sie sich aber in die gesamte Struktur der Stadtmauer harmonisch ein. Diese Anordnung wiederholt sich in den verschieden großen und kleinen Bauabschnitten. Sie werden zu einer ganzheitlichen Struktur aus unterschiedlichen Elementen integriert. Bei architektonischer Vielfalt herrscht eine zusammengehörige Ganzheitlichkeit. Dieses Ergebnis wird durch sehr professionelle Anwendung des Prinzips „Begrenzen und Einfassen" möglich gemacht. Die Mauer mit ihren vier Kilometern Länge wirkt abwechselungsreich und bleibt doch einheitlich.

Zur architektonischen Ummantelung wird der Raum durch eine Kuppelanordnung überdacht. Sie imponiert als eine Raumvergrößerung. Funktional dient sie der Belüftung der Galerie. Der Lichteffekt wird optimiert. Die Kuppeln verleihen dem Raum den spezifischen Charakter, der in die gesamte traditionelle Architektur der Altstadt harmonisch einfließt.

Säulen bilden den gedachten Leitfaden für die Raumorientierung. Sie sind analog der Hauptachse gebaut. Die Wände und die Säulen sind aus Naturkalk-Sandstein erbaut. Sie sind natur- und klimagerecht.

Die Deckenkonstruktion ist mit Hinblick auf die Begrünung des Daches gewählt. Die Oberschicht besteht aus Erde. Sie dient als Dachgarten, aber ohne Terrasse. Es versteht sich, daß der Publikumsverkehr und der Aufenthalt auf dem Dach nicht vorgesehen sind. Das Grün aus heimischer Flora ist sowohl aus ästhetischem als auch ökologischem Interesse angebaut. Eine Bionische für Fauna entsteht von selbst.

Die Verwendung der kunstvoll gestalteten Mašrabīya hat eine lange Tradition in der arabischen Architektur. Die Mašrabīyas sind Holzwerke, die kunstvoll mit äußerster Präzision in die Wände eingelassen werden. Sie sind vor den Fenstern installiert. Funktional bewirken sie eine jahreszeitlich gerechte Temperaturregulierung. Sie erlauben aber auch die ständige Belüftung der Innenräume je nach dem gewünschten Maß. Neben ihrer künstlerischen Pracht sind sie von großer funktionaler, hygienischer Bedeutung.

Mašrabīyas finden sich auch in Kirchen, Moscheen, Palästen, aber auch in Wohnhäusern und sonst auf Kunst bedachten Bauten. Wer Wert auf Klassik, Kunst und Schönheit legt installiert Mašrabīyas. So kommen sie auch in Privathäusern vor. Alte Mašrabīyas haben heute einen hohen anti-

quarischen Wert. Arabische Museen, welche sie – oft im originalen Kontext – zeigen, rühmen sich ihres Besitzes.
Die Stadtmauer ist nur eine der Attraktionen, welche die Kontinuität von Langzeitgeschichte demonstrieren.
Die Achse führt vom Stadtvestibilum[5] zu den archäologisch bedeutsamen Fundstellen. Entlang der Achse besteht eine Säulenreihe als beschattete Fläche mit begrüntem Dach. Darunter befindet sich ein Wasserbecken mit dem dazu gehörigen Mosaikboden. Die Sitzbänke werden von den Menschen als öffentliche Freiräume benutzt, ein typisches Merkmal arabischer Städtekultur.

Wir erwähnen die Stadtmauer wegen ihrer historischen Bedeutung und künstlerischen Besonderheit. Sie ist aber keineswegs ein einsames Phänomen. Auch andere Bauten von Damaskus, unter anderem alte Wohnhäuser, faszinieren durch ihre alt-moderne Architektur. Genannt sind besonders die Innenhöfe mit Brunnenanlage und die Fenster mit Blick auf den Hof. Hierin ist der Typus der Verbindung von „Innen und Außen“ feinfühlig realisiert.

Die architektonische Identität des neuen mit dem historischen Damaskus findet sich freilich nur in der heute erhaltenen Altstadt. Die Kontinuität von Geschichte, die Wahrung der Tradition und die Pflege der Ästhetik demonstrieren die Symbiose der alten Formen mit modernen Anteilen. Die bewährte Bauweise von Jahrhunderte und Jahrtausende alten Monumenten ist primär die Leistung von Architekten, Maurern und Bauherren, welche Epochen vor unserer Zeit gelebt und gewirkt haben. Meistens werden sie nicht namentlich genannt. Ihre Baudenkmäler verleihen dem heutigen Damaskus seine einartige Faszination: Antike und Moderne vereinen sich zu einer prächtigen Komplementarität.
Im Schatten der historisch bedeutsamen Monumente werden kleinere Wohnobjekte übersehen, dabei bieten sie bei ihrer Bescheidenheit eine tiefgreifende künstlerische Faszination. Sie sorgen für eine romantische Atmosphäre. Architektonisch prächtig und ästhetisch attraktiv fördern sie die Kommunikation und die menschliche Wärme.

Zu den klassischen, heute bewohnten und gepflegten Wohnhäusern in Syrien gehört der Innenhof als charakteristischer Bestandteil der traditionellen Wohnkultur. Er ist der Ort der Pflege von Gastfreundschaft und Kom-

---

[5] Das **Vestibulum** (lat.: Vorhof) bezeichnet bei römischen Häusern einen kleinen Vorplatz oder den Eingangsbereich.

munikation. Somit steht er im topographischen Mittelpunkt des Baues. Er ist der Ausgangsgedanke für die Planung eines traditionellen Gebäudes. Es handelt sich um ein klassisches Bauprinzip, das zum Grundschema traditioneller arabischer Bauweise gehört. Dieses Konstruktionsmuster kommt dem mediterranen, angenehm warmen Klima sehr entgegen. Der Vorhof führt zu einer Öffnung nach Innen, weshalb der Ausgestaltung der Innenhoffassaden besondere Aufmerksamkeit und Bedeutung beigemessen wird. Im Vergleich dazu sind die Außenfassaden eher untergeordnet. Die Architektur widerspiegelt den Kontrast zwischen Hitze, Lärm und Schmutz auf der Außenseite und der Ruhe und mildernden Feuchtigkeit auf der Innenseite.
Die schöne Gestaltung des Innenhofes mit seinem typischen, angenehmen Stil, seiner Individualität und Sauberkeit wirkt sich einladend aus. Hier pflegt man die allabendliche Unterhaltung unter freiem Himmel und sichtbaren Sternen auf blauem Hintergrund.
Dem Innenhof vorgelagert ist der Riwāq (entspricht dem Vestibulum in anderen Gebäuden). Bei der traditionellen architektonischen Einrichtung „Riwāq“ handelt es sich um überdachte Arkaden, die den Innenhof einschließen und ihn von den Geschäften trennen. Wohnsoziologisch ist der Riwāq von unverkennbarer Bedeutung. Vieles findet statt, was weder auf der Straße vor der Fassade, noch in die Innenräume gehört. Riwāq ist der angemessene Ort für Zwischengespräche. Außerdem dient er als eine diskrete Vorbereitung der Gäste. Sie sollen nicht von der Straße direkt in den Wohnraum kommen. Der Übergangsbereich ist psychologisch von nicht zu unterschätzender Wirkung zur Umstellung des Gastes auf die neue Situation.

Der Innenhof mit Springbrunnen und Mosaikbecken, die Dachterrasse mit ihrer Begrünung und das insgesamt gastliche und kommunikative Klima der privaten Wohnkultur haben mir persönlich nicht weniger imponiert als das historisch akkumulierte Erbe Syriens.

(17)

Das Kalifat von Damaskus (660-750)

Die Umayyaden entscheiden sich für Damaskus

Die traditionelle Hauptstadt Syriens war Antiochien, eine geschichtsträchtige Metropole von hoher Kultur und großer Gelehrsamkeit. Die einst von den Seleukiden erbaute Hauptstadt Seleukia war ebenso kurzlebig wie ihre Herrschaft.

Die ersten vier Kalifen (632-660) regierten das Arabisch-islamische Reich von Madīna aus. Obwohl Muḥammad selbst von Madīna aus wirkte, ebenso die ersten Kalifen, hat sich Muʿāwiya, der Begründer der Umayyaden-Dynastie entschlossen, mit dieser Tradition zu brechen. Er und die Umayyaden markieren die Wende vom religiösen hin zum säkularen Staat. Es waren die Umayyaden, welche Damaskus zur Reichshauptstadt erhoben haben. Ihre Entscheidung war weniger dadurch motiviert, daß sie vor ihrem Machtantritt dort schon Positionen hatten, vielmehr dadurch, daß Damaskus von alters her ein Verwaltungszentrum war und über die Infrastruktur für größere Aufgaben verfügte. Madīna war zu peripher und zu weit im Süden gelegen. Damaskus lag zentral, mit Kontakten zu den drei Kontinenten der alten Welt. In Damaskus kreuzten die Fernstraßen der alten Welt. Es bot die Ausstattung für internationale Beziehungen. Es war das Zentrum, oder eines der bedeutsamsten Geschäftszentren des Welthandels.
Auch nachdem die ʿAbbāsiden später die Kapitale nach Baġdād (754) verlegten, konnte Damaskus seine Bedeutung bewahren.

Das Kalifat von Damaskus zeichnet den Beginn eines neuen politischen Zeitalters und einer neuen Ära der Weltgeschichte ab. Die Umayyaden sind die eigentlichen Begründer des Prinzips der Trennung von Staat und Religion.

Unter ʿUmar I. wurden die byzantinisch besetzten Länder befreit: Mit Palästina beginnend, mit Syrien und Irak fortsetzend, dann – noch unter ʿUmar – Ägypten, wurde eine große und reiche Region von der byzantinischen Herrschaft befreit. Damit beginnen der langsame Niedergang der Weltmacht Byzanz und der Aufstieg des arabisch-islamischen Weltreichs. Das war die unmittelbare Vorgeschichte des Machtantritts der Umayyaden. Damit war auch ihr Auftrag vorgezeichnet: Das arabisch-islamische Weltreich auf- und auszubauen. Es waren die Umayyaden, die den aufsteigenden arabischen Staat stabilisierten.

Während Jahrhunderten der römischen und byzantinischen imperialistischen Herrschaft wurden die besetzten Länder segmentiert und durch scharfe Grenzen („Limes") auseinanderdividiert und voneinander getrennt. Es war Rom, welches die Politik *divide et impera* begründet hat.

Die arabischen Eroberungen werden schon in der klassischen und zeitgenössischen Literatur als „fatḥ" („Öffnung") bezeichnet. Der Begriff ist wörtlich zu nehmen: Die Länder gegenseitig öffnen und aneinander anschließen. Die römische und byzantinische Fremdherrschaft hat die besetzten Länder jeweils nach außen abgeschlossen. Reisen, besonders Auslandsreisen, waren sehr erschwert. Der Reisende hatte Passierscheine mit sich zu tragen, die sehr schwer zu besorgen waren.

Mit diesen Zuständen waren die arabischen Eroberer konfrontiert. Ihre erste Aufgabe war es, die Zerstückelung und Segregation aufzuheben, also die Grenzen zu beseitigen und Freizügigkeit zu schaffen, das heißt „Öffnung" („fatḥ"). Die unmittelbaren Folgen waren Wachstum, Gedeih und Wohlergehen für alle Menschen und Regionen.

Im Arabisch-islamischen Reich wurden diese und andere Restriktionen abgeschafft. Es besteht: „fatḥ".
Diese neuen Freiheiten erwiesen sich als sehr bedeutsam für den langen Bestand des Arabisch-islamischen Reiches von rund tausend Jahren.
Die Umayyaden waren die ersten, die politisch und ökonomisch in großen Wirtschaftsräumen dachten und planten. Zu dieser Politik zählt u.a. die Öffnung der Grenzen („fatḥ"), Freizügigkeit, Liberalisierung des Handels, Gewährung von Sicherheit auf den Fernstraßen und Handelswegen und Integration der Länder und Provinzen zum großen arabisch-islamischen Weltreich.

Die politische Umwälzung war begleitet von großen öffentlichen theoretischen und literarischen Debatten. Die heftige Auseinandersetzung zwischen den beiden Parteien von ʿAlī und Muʿāwiya über die Staatsform hatte zur Folge, daß die letztlich siegreichen Umayyaden unter dem Legitimationszwang standen, sich in der Praxis zu bewähren. Ihre Staatspolitik hatte Vertrauen zu erwerben und glaubwürdig zu sein, wollten sie weiter regieren. Der Staat hatte für Gerechtigkeit und Wohlergehen für alle zu sorgen. Die Regierungsprinzipien müssen auf die politische Ethik und praktische Moral aufbauen.

Die Umayyaden gründeten einen säkularen Staat, den ersten der Geschichte. Er wird von der Vernunft und nicht nach göttlicher Verheißung berufen. Ihrem Vorbild folgten spätere säkulare Staaten. Das Kalifat von Damaskus ist mit Sicherheit der Pionier des säkularen Staatssystems. Unter den Umayyaden herrschte eine Trennung von Staat und religiösen Institutionen. Der „säkulare Staat" als Regierungssystem hat sich durchgesetzt und bewährt.

Zeitgenössische Quellen bezeugen die ausgeprägte Toleranz der Umayyaden. Christliche Autoren loben die Umayyaden für die Freiheiten, welche sie den Kirchen, Christen und anderen Nicht-Muslimen gewähren.

Unter den Umayyaden wird Syrien zum Zentrum und Kerngebiet des Arabisch-islamischen Weltreichs. Die Halbinsel Arabien verliert an politischer Bedeutung.

Die Ära der Umayyaden war die Epoche der Expansion des arabisch-islamischen Reiches. Mit ihrem Kalifat (750) hört das Reich auf, sich weiter zu vergrößern.

(18)

Das Kalifat von Baġdād unter den ʿAbbāsiden (750-1258)

Syrien bleibt eine bedeutsame Region des arabisch-islamischen Weltreichs

Mit ihrem Sieg über die Umayyaden verlegten die ʿAbbāsiden die Hauptstadt in den Irak. Syrien behält seine Bedeutung als Kerngebiet des arabisch-islamischen Weltreichs. Damaskus bleibt weiterhin ein bedeutsames Zentrum von Kultur, Gelehrsamkeit und internationalen Beziehungen. Die ʿAbbāsiden regierten zunächst von Fallūǧa aus, bis die neue Hauptstadt Baġdād von Manṣūr fertig erbaut und 754 feierlich eingeweiht wurde.
Das Kalifat der ʿAbbāsiden dauerte von 750-1258 n.Chr. Sie regierten kontinuierlich. Eine Herrschaftszeit von über einem halben Jahrtausend ist weltgeschichtlich eine große Ausnahme. Es fragt sich, wie es zu dieser langanhaltenden Stabilität kommen konnte:

*1. **Friedenspolitik:*** Die ʿAbbāsiden entfalten eine weltumspannende Politik der friedlichen Koexistenz aller Völker und Staaten der alten Welt. Es sind im einzelnen:
Afrika: der arabisch-äthiopische Frieden geht schon auf Muḥammad zurück und datiert nach der Hiǧra von 622. Der Friedensvertrag des Kalifats mit Nubien wurde mit König Zacharias von Nobatia (645-655) ausgehandelt und von König Qalidurut von Makuria (651/652) unterzeichnet. Die Araber versprechen darin, in Afrika militärisch nicht einzumarschieren. Wie die Geschichte zeigt, haben sich die Araber – einschließlich der ʿAbbāsiden – anderthalb Jahrtausende an dieses Versprechen gehalten und ihre Glaubwürdigkeit auf Dauer unter Beweis gestellt.
China: Das Arabisch-islamischen Reich, vertreten durch das Kalifat, schloß mit China bei Tales einen Friedensvertrag, datiert vom Jahr 750 n.Chr., der ebenfalls bis heute von beiden Seiten konsequent eingehalten wird.

Byzantinisches Reich: Der Friedensvertrag mit Byzanz wurde schon unter den Umayyaden geschlossen, wobei sie Nordsyrien einschließlich Ḥalab / Aleppo der Hoheit des byzantinischen Kaisers unterstellten. Dabei sollte der arabische Charakter der Stadt nicht aufgegeben werden. Daraus erklärt sich, daß in Nordsyrien die Christen stärker vertreten sind als im Süden. Ein gegenseitiger Nichtangriffspakt wurde unterzeichnet und eingehalten. Die ʿAbbāsiden erneuerten diesen Vertrag und hielten ihn ein.
Römisches Reich: Unmittelbar nach Konsolidierung der politischen Verhältnisse in Europa und der Bildung eines neuen „Römischen Reiches" unter der Struktur des „Heiligen Römischen Reiches" schloß das Kalifat, vertreten durch Hārūn ar-Rašīd, mit dem Römischen Reich deutscher Nation – vertreten durch Karl den Großen – einen Friedensvertrag, der im Jahr 800 in Aachen feierlich unterzeichnet wurde.
Südwesteuropa „al-Andalus": Nach dem Machtantritt der ʿAbbāsiden konnte ein Zweig der Umayyaden unter ʿAbd ar-Raḥmān ad-Dāḫil nach Iberien übersetzen und dort das eigene Kalifat fortsetzen. Die ʿAbbāsiden verzichteten darauf, die Einheit des Kalifats militärisch zu erzwingen. Der Wettbewerb zwischen dem arabischen Osten und dem arabischen Westen – Nordafrika, Maghreb und Andalus auf der Iberischen Halbinsel – findet von da an nur und ausschließlich kulturell statt.
Die konsequente Friedenspolitik und die friedliche Koexistenz werden von den ʿAbbāsiden nicht aus Schwäche, sondern aus einer Position der Stärke und aus der Überzeugung eingehalten, daß der Frieden konstruktiver und nützlicher ist als Krieg und Expansion.
Der Weltfrieden hält dreihundertfünfzig Jahre lang. Es handelt sich um eine Epoche des Vertrauens und Wohlergehens für alle Völker. Die Gesellschaften florierten und profitierten vom Frieden. Menschenleben wurden geschont. Die Völker lebten ohne Sorgen und Ängste. Für Afrika beginnt anerkanntermaßen das goldene Jahrtausend.

2. Wohlergehen: Ein Großteil der Bevölkerung konnte einen menschenwürdigen Lebensstandard genießen. Lesen und Schreiben waren weit verbreitet. Mehrwert wurde nicht ausgebeutet.

3. Die Frage der Versorgung: Die Politik der offenen Grenzen und die integrierte Ökonomie in großen Wirtschaftsräumen sorgten für ein hohes Bruttosozialprodukt, an dem die meisten Menschen Vorteile hatten. Extreme Härten und Notlagen werden nicht berichtet.

4. Wohlfahrt: In Bait al-māl wurden Mittel – Zakat, Spenden und Erbanteile – eingezahlt, die für die Wohlfahrt bestimmt sind.

5. Entschärfung der Klassengegensätze: Die Reichen wurden relativ zu ihrem Einkommen besteuert. Die Armen hatten Anspruch auf öffentliche Bezüge.

6. Gerechtigkeitsbewegungen: Die Herrschaftszeit der ʿAbbāsiden war gezeichnet durch die Verbreitung und Verankerung von Gerechtigkeitsbewegungen. Ihre Existenz brachte das Kalifat unter Legitimationszwang. Durch öffentliche Politik des Ausgleichs sollte es den Kritikern den Wind aus den Segeln nehmen.

Während der Ausdruck „Mittelalter" für die europäische Geschichte synonym zu „Stagnation", „Rückstand" und „Dunkelheit" ist, weshalb er oft in der Kombination „finsteres" und „finsterstes" Mittelalter vorkommt, präsentiert die arabische Mediävistik einen Höhenflug der Menschheitsgeschichte. Die Ära der ʿAbbāsiden war eine Blütezeit auf allen Gebieten der Kultur, Wissenschaft, Philosophie, Technik, Kunst und Musik.

Damaskus verlor die politische Herrschaft an Baġdād, dennoch ist ihm eine geistige Führungsstellung geblieben. Wissenschaft, erfinderischer Reichtum, Technik und künstlerisches Schaffen verzeichnen große Fortschritte. Die schöngeistige Adab-Literatur steigt auf zu einem Höhenflug. Neue Dimensionen werden erschlossen. Genannt seien die Maqāmas, die Epen und die Erzählkunst. In Syrien entstand die „Riṣālat al-Ġufrān" des Abū al-ʿAlāʾ al-Maʿarri, welche später dem Italiener Dante als Vorlage für seine göttliche Komödie diente. Aber auch auf anderen Gebieten strahlte der syrische Leuchtturm sehr weit.

Große Philosophen wie Fārābī und Ġazālī legten großen Wert auf einen fachlich ausgerichteten Aufenthalt in Syrien.

Die ʿAbbāsiden werden durch die Verbreitung und Verbreiterung der Gerechtigkeitsbewegungen herausgefordert. Die bedeutsamste egalitäre Gesellschaft war mit Abstand die der Qarmaṭen. Zu ihr zählten Palästina und Syrien. Der Qarmaṭenstaat ist die sozialistische Gesellschaft mit dem längsten Bestand. Begonnen 900 n.Chr. existierte sie bis 1100, in einigen Regionen bis 1400 n.Chr.

(19)

Ayyūbiden und Mamlūken (1171-1517)

Schon im neunten Jahrhundert hat sich Ägypten gegen Baġdād verselbständigt, während Syrien weiterhin dem Kalifat treu geblieben war. Die Ṭūlūniden, Ichschididen (Iḫšididen) und Fāṭimiden konnten deshalb ihre Herrschaft nicht auf Syrien ausdehnen. Erst die Ayyūbiden und Mamlūken regieren von Kairo aus ein ägypto-syrisches vereintes Reich.

In diese Zeit fallen die europäischen Aggressionen der Kreuzfahrer (1098-1292). Der arabische Widerstand wurde von Syrien und Ägypten bis zur endgültigen Vertreibung der Invasoren vereint geführt. Der Befreiungskampf gegen gemeinsame Feinde hat die Einheit Syriens und Ägyptens auf Dauer geprägt und vertieft. Man kann die Geschichte Ägyptens ohne Syrien und die Geschichte Syriens ohne Ägypten nicht schreiben.

(20)

Syrien unter der Herrschaft der Osmanen (1516-1917)

1516 eroberten die Osmanen Damaskus,
1517 Kairo,
1518 Nordafrika.

Die Herrschaft der Osmanen war für die arabische Welt von großem Nachteil und Rückschritt. Schon zu Anfang haben sie Wissenschaftler, Fachleute, Ingeneure, Techniker und Handwerker zwangsweise in die Türkei deportiert. Aber auch Bibliotheken und Kulturgüter wurden nach Anatolien abtransportiert.
Um ihre weiteren Expansionszüge zu finanzieren, haben sie die Kosten durch extreme Ausbeutung und immer steigende Steuerlast erpreßt. Infolge der unverhältnismäßig hohen Besteuerung mußten viele Betriebe die Produktion einstellen. Bauern flohen bis weit in die nicht von Osmanen besetzten Regionen, besonders in das mittlere Afrika.
Den Widerstand der arabischen Völker gegen die Besatzung haben die Osmanen mit brutaler Gewalt niedergedrückt.

Die lange Herrschaftszeit der Osmanen sollte man nicht als eine Einheit betrachten. Als die Seldschuken (Salǧūken) in Anatolien (= anatolische Selcuken) eingezogen waren, wurden sie von der einheimischen Bevölkerung als Befreier von der byzantinischen Herrschaft aufgenommen. Mit der Eroberung Konstantinopels 1453 haben sie offensichtlich auch die imperialistische Politik der Römer mit übernommen. Was Byzanz nicht zu realisieren vermochte, haben die Osmanen durchgesetzt.
Mit der Verschärfung ihrer unterdrückerischen Politik nahm auch der Widerstand zu. Nicht selten konnten die Osmanen in ihre Schranken verwiesen werden. Dennoch waren die Osmanen bis zum Niedergang ihrer Herrschaft zum Einlenken nicht bereit. An den Aufständischen wurden Massaker verübt. Andere wurden eingekerkert und gefoltert. Die Osmanen haben die arabische Welt für den Imperialismus sturmreif gemacht.

(21)

Der arabische Einheitsstaat unter Muḥammad ʿAlī

Muḥammad ʿAlī und die Wiederherstellung des arabischen Reiches (1805-1848)

Die Arabische Halbinsel lag gesamtgeschichtlich gesehen weitgehend außerhalb der Kontrolle der großen, aufeinander folgenden Imperien. Keine Fremdherrschaft vermochte es, Arabien auf Dauer zu unterjochen. In den letzten 250 Jahren wurde die politische Geschichte des arabischen Subkontinents durch die Wahhāb-Bewegung geprägt, die 1739 in Naǧd entstanden und nach ihrem Begründer Muḥammad b. ʿAbd al-Wahhāb benannt wurde. Er vertrat einen fundamentalistisch begriffenen rigiden Islam. Seine Lehre wurde vom Stammesführer Muḥammad b. Saʿūd angenommen, der seinen Sitz in Darʿiyya hatte. Politisch relevant ist der Wahhābismus besonders an dem Prinzip, daß der Herrscher für die Geltung des Gottes Rechts zu sorgen hat, die Untertanen haben dem Herrscher widerstandslos zu folgen. Diese Vorstellungen werden heute noch in Saʿūdi-Arabien vertreten. Der saʿūdische König legitimiert seine Herrschaft und die Geltungen seine Entscheidungen durch die Berufung auf Sūra an-Nisaʾ (Sure 4, die Frauen, Vers 60):

> *Ihr, welche den Glauben angenommen habt, seid Gott gehorsam, gehorcht dem Gesandten (=Muḥammad) und den Verantwortlichen unter euch „ʾUlū al-amr".*

„ʾUlū al-Amr" ist Synonym zum Staatsoberhaupt. Auf diesen Vers berufen sich die Saʿūdis, wenn sie jede Form des Protestes, des Widerstandes und selbst des „zivilen Ungehorsams" verbieten. Letzterer stehe auch in direktem Widerspruch zu Koran 4,59.
Insgesamt vermochte es der Wahhābismus, sich außerhalb der Arabischen Halbinsel durchzusetzen. Besonders in Naǧd, Ḥigāz und ʿAsīr ist der Wahhābismus immer noch verankert.
Das Interesse der Saʿūdis am Wahhābismus liegt auf der Hand. In einer Epoche, wo die Wogen der arabischen Emanzipationsbewegung hoch

schlugen erkannten die Saʿūdis die Bedeutung des Wahhābismus als Mittel zur Herrschaftslegitimation. Begleitet war die Mission der Wahhābiten vom Heer der Saʿūdis, die 1803/6 Mekka und 1805 Madīna eroberten. Damit konnten sie die Ḥagg, die Pilgerfahrten zu den islamischen heiligen Stätten, kontrollieren. Zugleich deklarierten sie sich als Beschützer der traditionellen Heiligtümer.

1807 wies der Sultan von Istanbul seinen ägyptischen Statthalter an, Arabien dem Einfluß der Wahhābiten und Saʿūdis zu entziehen und dem osmanischen Reich zu unterwerfen. Muḥammad ʿAlī brauchte nicht erst aufgefordert zu werden. In dieser Zeit muß er schon die Vision vom Wiederaufbau des arabischen Reiches gehabt haben, was dem Niedergang der osmanischen Herrschaft gleichkäme. Zunächst jedoch brauchte Muḥammad ʿAlī für seine politischen und militärischen Handlungen die Legitimation der Hohen Pforte und durfte daher keinen Ungehorsam zeigen. So stellte er den Plan, Arabien zu erobern, vorläufig zurück. Er wollte erst seine Position in Ägypten stabilisieren.
Dieses Ziel war erreicht, als er 1811 die Mamlūken endgültig ausgeschaltet hatte. Nun konnte er zur Expansion übergehen. Im gleichen Jahr unternahm er den Versuch, den Ḥigāz militärisch zu kontrollieren; davon hing die Sicherung des Handels durch das Rote Meer und Bāb al-Mandab ab. 1812/13 wurden Mekka und Madīna den Wahhābiten entrissen. 1818 fiel auch ihre Ausgangsbastion Darʿiyya. Damit waren die Wahhābiten keineswegs auf Dauer zerschlagen. Sie zogen sich in das Innere der weiten Wüstenregion zurück und sammelten Kräfte. 1824 konnten sie im Nağd wieder ein Fürstentum aufbauen. Ihre Macht blieb jedoch lokal begrenzt und wegen fehlender Infrastruktur dem Zugriff der ägyptischen Armee entzogen. Der Ḥigāz dagegen, der an die Nachschubwege angeschlossen und von der ägyptischen Flotte gut erreichbar war, wurde zentral von Kairo regiert.

Im Herbst 1831 leitete Ägypten die Offensive gegen die osmanischen Besatzungstruppen im arabischen Osten ein. Unter der kühnen Führung des strategisch begabten Ibrāhīm, dem Sohn Muḥammad ʿAlīs, marschierte die ägyptische Armee in Bilād aš-Šām ein. Schon in der ersten Station Palästina wurden die Ägypter als Befreier enthusiastisch aufgenommen. Als die Armee unter Ibrāhīm nach Syrien marschierte, waren die Bürger zum festlichen Empfang ihrer Befreier vorbereitet. In Damaskus wurde Ibrāhīm und seine Truppen als Sieger über die Osmanen gefeiert.

Jahrhunderte der osmanischen Herrschaft, die drückende Steuerlast, die rücksichtslose Ausbeutung der Menschen und die Ausplünderung der natürlichen Ressourcen, haben nur Zorn und Weigerung hinterlassen. Die tägliche Verachtung und Mißhandlung der Menschen bei zusätzlicher Korruption der Besatzungsbeamten und der Verwaltung hatten den Haß der Araber auf die Fremdherrschaft bis zum Exzeß eskaliert. Es bedarf keiner Erklärung, daß das ägyptische Heer in Palästina und Syrien als die eigene nationale Armee gefeiert wird. In Libanon wurde der Einmarsch der ägyptischen Armee von der arabischen Bevölkerung mit Erleichterung aufgenommen und aktiv oder passiv unterstützt.

Gestärkt durch den raschen, leicht erworbenen Sieg konnte Ibrāhīm seinen Siegeszug fortsetzen. Nun steht er unmittelbar vor dem nationalen türkischen Territorium. Er konnte nichts anderes, als die Welle des Sieges fortzusetzen. Auch hier war die Eroberung eines Teils der Türkei unproblematisch. Damit hat er eine Brücke freigelegt, um Griechenland der osmanischen Herrschaft zu entreißen. Offensichtlich hat sich die Bevölkerung auch in der Türkei nicht zur Gegenwehr gesetzt, da sie sich von der arabischen Armee besser behandelt fühlte als vom osmanischen Militär (Augenzeugen hoben die Tatsache hervor, daß die ägyptischen Armeeangehörigen im Bazar gut ankamen, weil sie – im Unterschied zu den osmanischen Truppen – ihre Einkäufe zu bezahlen pflegten). Die ägyptische Armee besetzte weitere Machtzentren im Osten der Türkei und marschierte bis Konya in Anatolien, wo die osmanische Armee gegen Ende 1832 die entscheidende Niederlage einstecken mußte. Von Konya aus wäre die Einnahme von Istanbul ein Leichtes gewesen. Ibrāhīm empfahl dem Vater Muḥammad ʿAlī, ihm zu erlauben, den Marsch nach Istanbul fortzusetzen. Muḥammad ʿAlī folgte dem Rat Ibrāhīms nicht. Offensichtlich war es ein Loyalitätsakt gegenüber dem Sultan.

Wichtiger dabei ist jedoch die Selbstdisziplin. Die arabische Welt bildet historisch und kulturell eine Einheit, die wiederherzustellen nicht nur legitim, sondern auch eine Pflicht, ja eine Notwendigkeit ist. Muḥammad ʿAlī zog es vor, die arabische Welt zu integrieren und die Expansion zu stoppen.
Tatsächlich leiteten Muḥammad ʿAlī und Ibrāhīm den Integrationsprozeß – mit Syrien und Ägypten beginnend – unmittelbar ein. Ziel war die Bildung eines arabischen föderativen Systems.
In Syrien wurden entscheidende Reformen der Verwaltung, Bildung, Gesundheit und Sozialpolitik durchgeführt. Der Sonderstatus für Min-

derheiten („Milliyat“) wurde beseitigt und Gleichstellung verwirklicht. Die Schlechterstellung von ethnischen Gruppen, nicht muslimischen Gemeinschaften und andere Formen der Diskriminierung wurden beseitigt. Ausdrücklich verbot Ibrāhīm jede Form der Benachteiligung von Christen und Juden. Die Fiskalordnung wurde gründlich reformiert. Steuergerechtigkeit wurde zur Grundlage der Fiskalpolitik. Die osmanische Willkür und die unterschiedliche Besteuerung nach konfessioneller Zugehörigkeit wurden beendet; Steuergleichheit wurde eingeführt.

Auf ökonomischem Sektor traten bedeutsame Umwälzungen ein: Groß- und Kleinindustrien wurden aufgebaut. Es herrschten Autarkie und Vollbeschäftigung. Für Schlüsselindustrien und andere wichtige Bereiche der Produktion und des Handels wurde ein Staatsmonopol geschaffen. Eine Landreform wurde durchgeführt. Um die kleinen und mittleren Bauern zu schützen und zu unterstützen, wurde ein Sonderprogramm der Agrarförderung aufgestellt. Landwirtschaftliche Betriebe, die nach den staatlichen Empfehlungen arbeiteten, wurden subventioniert. Die Landflucht, die zuvor ein bedrohliches Maß erreichte, hörte von selbst auf. Bergbau und Rohstoffquellen wurden staatlich erschlossen.
Anstelle des Besatzungsheeres der Osmanen und der Zwangsrekrutierung der Araber für die Fremdherrschaft wurde die nationale Verteidigung aufgestellt. Junge Menschen wurden für den Militärdienst in der nationalen arabischen Armee gewonnen und bekamen eine feste Besoldung. Gleichzeitig ging der Staat gegen die Aufstellung von privaten Armeen vor und verordnete ihre sofortige Auflösung. Die Anordnung zur Entwaffnung der Bergregion wurde jedoch von den lokalen Fürsten nicht widerstandslos hingenommen. Ansonsten wurde die bewaffnete Macht ein ausschließliches Recht des Staates. Die öffentliche Sicherheit wurde wieder hergestellt.

Die ägyptische Außenpolitik stand vor der Entscheidung über den künftigen Gang der Geschichte. Dem osmanischen Reich schien die Stunde geschlagen zu haben. Die Wiedergeburt einer geeinten arabischen Nation stand in greifbarer Nähe. Der weitere Verlauf der Ereignisse hing vom Schicksal der imperialistischen osmanischen Dynastie ab. Ibrāhīm dachte sicher nicht nur militärisch, als er für die Absetzung zumindest des derzeit regierenden Sultans plädierte. Muḥammad ʿAlī im fernen Kairo aber erteilte seine Einwilligung nicht. Zum einen war es die Loyalität zur Hohen Pforte, zum anderen war sein Ziel die Wiederherstellung des zusammengehörigen arabischen Staates, zum dem er Anatolien nicht zurechen wollte.

Bis 1840 kontrollierte Ägypten große Teile Arabiens einschließlich Ḥigāz, den Sudan bis zum Äquator und Zentralafrika, das Rote Meer als Binnengewässer mit der asiatischen und der afrikanischen Küste und den arabischen Osten mit Palästina und Syrien. Der arabische Einheitsstaat mit Kairo als Hauptstaat ist kein Traum mehr, sondern Realität.

Die politische Vision Muḥammad ʿAlī schien in Erfüllung gegangen zu sein: Die arabische Region mit Zentralgewalt in Kairo wurde wieder vereint. Der arabische Einheitsstaat ist nunmehr eine real existierende Größe. Die Völker der Region atmen wieder auf. Sie leben in Sicherheit und genießen einen relativen Wohlstand.

Mit dieser für die Zukunft der arabischen Region positiven Entwicklung konnte sich der osmanische Herrscher im fernen Istanbul nicht abfinden. Muḥammmad ʿAlī hat ihm einen formalen Anspruch auf Hoheit zugestanden und war sogar bereit, ihm einen – ungerechtfertigten – jährlichen Tribut zu zahlen. Das war aber dem Scheinsultan nicht genug. Von da an beginnt die Hohe Pforte ihre offen destruktive Politik gegen den arabischen Staat. Die Pforte zieht es vor, sich mit den europäischen Kolonialisten als mit Kairo und den Arabern zu verbinden. Der Sultan liefert sich vollständig aus, ohne die notwendige politische Weitsicht. Er hätte wissen müssen, daß sich die Europäer zunächst mit ihm verbünden, um anschließend auch ihn zu schlagen.

Bisher wollte Muḥammad ʿAlī mit Istanbul nicht radikal brechen. Da aber der Sultan selbst sich zum größten Gegner einer relativen Selbständigkeit der Völker machte, mußte Muḥammad ʿAlī seinerseits sein Verhältnis zu Istanbul neu und präzise definieren. Entsprechend müsse er sein politisches und militärisches Programm unter Berücksichtigung der in Erscheinung getretenen Widersprüche neu gestalten. Obwohl die weltpolitische Lage eine Entscheidung über die Zukunft der Pforte notwendig machte, weigert sich Muḥammad ʿAlī, daß der Gnadenstoß von ihm ausgeht. Die öffentliche Meinung im Reich hätte eine solche Wende durchaus begrüßt. Militärisch war Kairo vermittels einer starken ägyptisch-arabischen Armee durchaus in der Lage. In dieser Frage neigte aber Muḥammad ʿAlī dazu, das Rad der Geschichte aufzuhalten. Weiser wäre es, er hätte dem Rat Ibrāhīms, die osmanische Herrschaft zu beseitigen, zumindest stark einzudämmen, folgen müssen. In diesem historischen entscheidenden Moment hätte Muḥammad ʿAlī nicht zögern dürfen. Er bot dem Sultan an, bei Anerkennung seiner de jure-Hoheit sollten Istanbul und Kairo den Orient zu einer für die europäischen Großmächte unzugänglichen Bastion ausbauen. Der Sultan stand damit vor der Wahl, den ehemaligen General Muḥammad ʿAlī nun nicht mehr als Untertanen, sondern als Verbündeten anzusehen und in die Unabhängigkeit der arabischen Staaten unter ägyptischer Führung einzuwilligen oder den Kopf vor den europäischen Großmächten zu beugen und ihr Diktat in der vermeintlichen Hoffnung hinzunehmen, seinen Einfluß über die arabischen Territorien wieder zu gewinnen.

Muḥammad ʿAlī mochte sich in die Situation des Sultans versetzen und dessen Entscheidung über die Handlungsalternativen antizipieren: Der Verfall der osmanischen Herrschaft war nicht mehr aufzuhalten. Der Sultan könnte eine Machtbeschneidung hinnehmen, dafür längerfristig an der Spitze des Reiches verbleiben. Muḥammad ʿAlī dürfte des weiteren darauf gesetzt haben, daß sich der Sultan mit der neuen realen Machtstruktur abfinden werde und eine Reduzierung seiner Machtbefugnisse hinnehme, um dafür eine mächtige türkisch-arabische Front gegen das Vordringen des europäischen Kolonialismus zu bilden. Vor dieser staatsmännisch wohl überlegten Option entschloß sich Muḥammad ʿAlī dazu, der Hohen Pforte eine Chance zu geben.

Nun entwickeln sich die Dinge sehr schnell – leider gegen die optimistische, idealistische Erwartung Muḥammad ʿAlīs. Der Sultan nutzte die gewonnene Atempause dazu, seine Karten neu zu mischen.

Muḥammad ʿAlī muß in seinem greisen Alter die Nachricht mit bitterer Enttäuschung aufgenommen haben: Der Sultan zog die teuflische Allianz vor. Die europäischen Mächte treten auf den Plan.

Diese Entwicklung hatte Ibrāhīm bereits kommen sehen. Er hatte seinen Vater vor dem „Schlangenkopf“ mit Sitz in Istanbul gewarnt. Muḥammad ʿAlī hoffte jedoch auf einen gütlichen Ausgleich. Der militärischen Lösung zog er eine politische vor. Nicht nur die politische Vernunft hat verloren. Ägypten, das bisher in der Offensive war, gerät bald in die Defensive. Der neu aufgebaute arabische Einheitsstaat steht jetzt in realer Gefahr. Die bittere Ironie der Geschichte ist nun, daß der kranke Mann am Bosporus nicht nur die Voraussetzung für die Zerschlagung des arabischen

Projekts herbeigeführt, sondern auch seinen eigenen Untergang vorprogrammiert hat.

Schon 1831 als der arabische Einheitsstaat wieder hergestellt wurde, entfalteten die europäischen Medien eine Kampagne einer angeblichen „Orientalischen Krise“. Eine große europäische Allianz unter dem preußischen General Helmuth von Moltke sollte zusammen mit der türkischen Armee Syrien wieder in das Osmanische Reich zurückholen.

Aber auch dann war die osmanische Herrschaft nicht mehr zu retten. Was sich der Sultan eingehandelt hatte, war doch nur ein kurzfristiger Aufschub des unaufhaltsamen Niedergangs seines Imperiums.

Somit konnte der junge arabische Einheitsstaat von der osmanisch-europäischen Allianz zerschlagen werden. Im Anschluß daran war Istanbul selbst das Ziel der europäischen Expansion.

(22)

Die Eingliederung der Türkei in die imperialistische Politik

Als im 19. Jahrhundert die Osmanen immer schwächer wurden, verfolgten die europäischen Kolonialisten die Politik, die Osmanen im Krieg gegen die Befreiungsbewegungen zu unterstützen, so daß sich beide Kräfte gegenseitig zermürben.

Die Zusammenarbeit der Osmanen mit europäischen Staaten bei der Zerschlagung des arabischen Einheitsstaates signalisiert den Beginn der Integrierung der Türkei in die europäische Expansionspolitik und des eigentlichen Beginns der imperialistischen Epoche.

Insgesamt waren die Europäer zusammen mit der Türkei nicht zur friedlichen Koexistenz und Gerechtigkeit bereit. Der Kampf der Völker um Freiheit und Unabhängigkeit wurde kompromißlos blutig zerschlagen.

Schon 1830 hat Preußen den Osmanen große Militärhilfe zukommen lassen. Deutsche Soldaten und Offiziere kamen unter der Leitung Helmuth von Moltke in die Türkei. Ein großes Programm zur Modernisierung des türkischen Heeres wurde durchgeführt.[6]

---

[6] Die Memoiren von Helmuth von Moltke, Berlin 1891

(23)

Das Sykes-Picot-Abkommen vom 16. Mai 1916

England und Frankreich teilen die Welt unter sich auf. Weder Italien, noch Deutschland werden berücksichtigt. Auch die Türkei als Erbin des Osmanischen Reichs, das im Niedergang begriffen ist, wird ignoriert.
Durch Verhandlungen, die im Januar 1916 begonnen haben und deren Ergebnisse durch den Briefwechsel vom 9.-16. Mai 1916 bestätigt wurden, wird das Sykes-Picot-Abkommen abgeschlossen. Es wird nach den beiden Unterhändlern Mark Sykes für England und C. F. George Picot für Frankreich benannt.
Die außereuropäische Welt wurde in Interessensphären aufgeteilt. Grenzlinien sind buchstäblich mit dem Lineal gezogen. Die Kartographie haben die beiden Politgeographen Sykes und Picot paraphiert. Ihre Regierungen verabschiedeten und sanktionierten die Landkarten. Die betroffenen Völker wurden nicht gefragt.
Das Sykes-Picot-Abkommen war der Entwurf, den England und Frankreich nun mit militärischer Gewalt umsetzen wollen. Von da an, das heißt, nach dem bevorstehenden offiziellen Ende des (Ersten) Weltkriegs, führen England und Frankreich grausame Aggressionskriege gegen die eingeteilten Völker, um die Weltkarte von Sykes und Picot in Realität umzusetzen. Es entstehen von England und Frankreich abhängige Staaten.

Zu den Hauptinteressengebieten Frankreichs zählt Syrien. Dabei hatte Frankreich in Syrien überhaupt gar keine Präsenz, die ihm einen Anspruch auf Syrien begründen würde. Das anglofranzösische Diktat mit dem Namen Sykes-Picot-Abkommen sollte auch den Syrern aufgezwungen.

Das Sykes-Picot-Abkommen stellt einen schweren Eingriff in den erhofften internationalen Frieden nach dem Weltkrieg dar. Das Selbstbestimmungsrecht der Völker wird mit Füßen getreten. In keinem einzigen Fall wurden die Völker im Einzugsgebiet gefragt.

(24)

Der Allgemeine Syrische Nationalkongreß (ASN)

ASN –Tagungsperiode 03. Juni 1919-19. Juli 1920
Auch in Syrien war und ist das Erbe der arabischen Zivilisation nach wie vor lebendig. Genauso wie in anderen arabischen Ländern standen die Syrer zu diesem Zeitpunkt auf sehr hohem Niveau des kulturellen, wissenschaftlichen, technischen und industriellen Fortschritts. Seit Jahrhunderten wurden arabische Fachleute auf allen Gebieten zu anspruchsvollen Berufen und zu akademischen Lehrtätigkeiten und anderen fachlichen Leistungen nach Europa berufen.

Die Syrer erkannten die Gefahr, die aus Europa auf sie zukommt. Sie wollten nicht ihren vierhundert Jahre andauernden Widerstand gegen die Osmanische Herrschaft gegen die französische Aggression tauschen.

Die Syrer haben schon verstanden, was die Europäer mit ihrem Sykes-Picot-Abkommen bezwecken. Auf Papier, in Archiven und Geschichtsbüchern erscheint er als ein Abkommen über Grenzziehungen und territoriale Zuteilungen. Die Realität und die Praxis zeigen hingegen ein anderes Bild. Die Völker der Region wollten keine fremde Einflußnahme, von welcher Seite auch immer. Das Sykes-Picot-Abkommen sollte diese Aspirationen sabotieren. Es hat nicht nur Grenzen für Länder gezogen, sondern diese auch kolonialistischen Staaten zugewiesen. Zum Beispiel wurde der Irak England zugeteilt und im gleichen Verfahren Syrien Frankreich.

(25)

Überfall der Franzosen auf Syrien

Entschlossen haben die Syrer damit begonnen, die eigenen Potentiale zu mobilisieren. Landesweit erhob sich das syrische Volk, um seine Freiheit und Demokratie zu verteidigen. Wichtigster Ausdruck dieser Erhebung war die Einberufung des Allgemeinen Syrischen Nationalkongresses.

Noch vor der Jahresmitte haben die syrischen Regionen und Bezirke ihre Delegierten aufgestellt. Die Einberufung des Allgemeinen Syrischen Nationalkongresses (ASN) brachte den geeinten Willen des gesamten syrischen Volkes und seines Bestrebens nach Unabhängigkeit, Freiheit und Demokratie zum Ausdruck. Der Kongreß war sehr repräsentativ zusammengesetzt.

Gleichzeitig mit der Vorbereitung zur Gründungsversammlung des ASN entfalteten die Syrer eine weltweite politische Kampagne gegen die drohende französische Aggression. Sie appellierten an alle Staaten der Welt, Delegierte zur Teilnahme am ASN zu entsenden.

Die Syrer hatten offensichtlich die Weltlage und die Lage in Europa richtig und scharf analysiert. Das Ende des ersten Weltkrieges gilt nur für den europäischen Raum. Dort sollte er beendet werden, um ihn gegen den Rest der Welt gnadenlos aufzunehmen. Der Zugriff Frankreichs auf ihre Freiheit muß verhindert werden. Vor diesem Hintergrund mußten sie intensive politische Aktivitäten entfalten, um ihre hart erkämpfte Freiheit zu verteidigen. Sie sorgten dafür, daß die Weltöffentlichkeit als Zeuge ihrer legitimen Hoffnungen auf Unabhängigkeit und Souveränität dasteht. Einladungen des ASN gingen an verschiedene Staaten mit der Bitte um Teilnahme an den Kongreßsitzungen als Beobachter. Somit konnte die gesamte Welt bezeugen, daß in Syrien Freiheit und Demokratie herrschen. Staaten der damaligen Welt einschließlich der USA entsandten Gastdelegationen. Selbst der US-Präsident Wilson (1913-21), wahrhaft keine Friedenstaube, schickte persönliche Beobachter. Der ASN tagte unter repräsentativer internationaler Beteiligung und großer völkerrechtlicher Legitimation.

Eine Zeitlang schaute die Welt auf Syrien. Bewegt war die internationale Öffentlichkeit durch die Sorge, wie der Westen auf den Unabhängigkeitswillen der Völker reagieren wird. Länder, die als Beobachter am Syrischen Nationalkongreß teilnahmen, waren durch Solidarität bewegt. Sie konnten ihre Sorgen nicht verbergen. Leise, aber laut genug, wollten sie sagen: „Hände weg von Syrien!“.

Die Gründungsversammlung und die ersten Sitzungen des ASN fanden unter breiter internationaler Beteiligung in Damaskus statt. Mit großem Interesse verfolgten die arabische und Weltöffentlichkeit das historische Ereignis in der Hauptstadt des unabhängigen, freien und souveränen Syriens. Die internationale Presse berichtete regelmäßig über den Prozeß, der bald als Schrittmacher der Entwicklung in Asien und Afrika gelten soll.

Die Charta des ASN wurde verabschiedet und dem Völkerbund in Gründung übermittelt. Niemand konnte sachliche Einwände anmelden und schon gar nicht leugnen, daß Syrien ein souveräner, unabhängiger und demokratischer Staat ist. Hinter Syrien stand die gesamte arabische Region und die friedliche, zivilisierte Welt, nicht aber die europäische Barbarei.

Syrien sollte keine Zeit gelassen werden, sich über seine historischen und politischen Errungenschaften zu freuen.

Unmittelbar nach dem Weltkrieg marschierte England in den Irak, als wäre er ein Land ohne Volk, und wunderte sich, daß es dort total unerwünscht ist. Frankreich erfährt in Syrien massiven Protest. Statt daß sich die beiden europäischen Staaten auf die Freundschaftsangebote des Fruchtbaren Halbmondes einlassen, leiten sie grausamste Aggressionen gegen Syrien und Irak ein.

Vor der Aggression Frankreichs war Syrien durch den opferreichen Widerstand seiner Bürger von der osmanischen Herrschaft unabhängig geworden. Syrien war frei. Das steht normalerweise nicht im europäischen Geschichtsbuch. Es suggeriert, England und Frankreich hätten das Erbe des Osmanischen Reiches am Verhandlungstisch zugeteilt bekommen. Die Zuteilung verliefe friedlich. Niemand fühlte sich gestört und keiner habe sich dagegen beschwert. Dort, im europäischen Buch, steht: *„Syrien fiel Frankreich zu“*. (!)

Der Krieg wurde 1918 in Europa beendet. Frankreich leitete Truppen, die gegen Deutschland eingesetzt waren, nach Syrien um. Die Syrer haben sich in einem heroischen, aber auch verlustreichen Befreiungskampf gewehrt. Der syrische Widerstand hat Frankreich so zermürbt, so daß es England um Hilfe rufen mußte. Letzteres stellte für die gewährte Hilfe die Bedingung, daß das Sykes-Picot-Abkommen revidiert wird, was von Frankreich zunächst nicht akzeptiert wurde. Es mußte sich jedoch beugen. Frankreich selbst hatte Interesse an Grenzverschiebungen in Europa. Die beiden Staaten verhandelten erneut.

Infolge des preußischen Einmarsches in Frankreich hatte der Sieger 1871 Elsaß-Lothringen dem Deutschen Reich zugeschlagen. 1918 erinnerte sich Frankreich der verlorenen Territorien. Es wollte dieses Gebiet wieder zurückhaben.

Der Versailler Vertrag, der praktisch allein zwischen England und Frankreich ausgehandelt und von ihnen bestimmt wurde, legt in seinen Teilen II und III die Unterwerfung Syriens unter Frankreich, Iraks unter England fest. Die Grenzen Syriens und Iraks werden zudem ausschließlich von England und Frankreich nach internen Vereinbarungen definiert. Nun wollen sie ihren eigenen Sykes-Picot-Vertrag abändern. Die politische Geographie der arabischen Welt sollte ihrem Willen nach rein europäischen Interessen folgen.

Die historischen Grenzen der beiden Nachbarstaaten Syrien und Irak werden nicht berücksichtigt. Da die Grenzregion sehr reich an Bodenschätzen, insbesondere Erdöl ist, hätte es zwischen Syrien und Irak nach ihrer Unabhängigkeit zu Konflikten kommen können. Dank der Umsichtigkeit der Regierungen beider Länder konnte eine solche Situation und ein arabisch-arabischer Krieg gebannt werden. Es ist nie zu einem irakisch-syrischen Krieg gekommen.

Frankreich zog 1918 seine Truppen aus Deutschland ab und setzte sie gegen Syrien ein. Das selbstbewußte, mutige Volk von Syrien leistete heroischen Widerstand gegen die französische Aggression und schlug die Invasoren zurück. Frankreich zeigte keine Achtung vor dem Freiheitswillen der Syrer und suchte die militärische Unterstützung Englands. Letzteres verlangte dafür einen hohen Preis: Frankreich verzichtete dafür auf die erdölreiche Region Mosul und Kerkuk. Diese traditionell syrischen Gebiete sollten dem Irak zugeschlagen werden. So gerieten sie unter englischen Einfluß.

Frankreich macht mobil gegen die Freiheit. Im Blitzkrieg besetzt es 1920 Damaskus. Die Abgeordneten des Kongresses werden verhaftet und zum großen Teil nach und nach hingerichtet.

Auf den Widerstandswillen des syrischen Volks antwortet Frankreich mit Massenvernichtung. Den jungen, souveränen arabischen Staat griff es mit großer Mobilmachung an. Es bringt nicht den Mut auf, eine Bodenkonfrontation mit den Syrern zu wagen.

Als Belohnung für Mosul und Kerkuk stellte England die eigene Luftwaffe RAF (Royal Air Forces) den Franzosen zur Verfügung.

Jetzt findet der größte und einer der ersten Lufteinsätze der Kriegsgeschichte statt.

Bei seinem Vernichtungskrieg gegen Syrien erhielt Frankreich die Unterstützung Englands. Frankreich bombardiert Menschen und Kulturgüter aus der Luft. Es hatte noch über keine eigene Luftwaffe verfügt. England stellte ihm seine RAF (Royal Air Force) zur Verfügung.
Dafür erhielt England den reichsten Teil Syriens, Mosul und Kerkuk, als Interessengebiet zugewiesen. Während zu dem Zeitpunkt – 1920 – Syrien kein einziges Flugzeug haben konnte und schon gar nicht Luftabwehrraketen, führen Frankreich und England flächendeckende Bombardierungen gegen Syrien durch. Es war ein Massenmassaker an einem friedfertigen Volk. Die Menschen standen schutzlos unter dem kriminellen Bombenhagel. Die beiden kolonialistischen Staaten Englands und Frankreich melden ihr blutiges Massaker als Sieg.
Der Luftkrieg gegen die Zivilbevölkerung Syriens zählt zu den größten Kriegsverbrechen der Geschichte.

Die Kriege Frankreichs gegen Syrien und Englands gegen den Irak waren von Anfang an als Terrorkriege geplant und durchgeführt: Sprengung von Versorgungseinrichtungen, Verseuchung von Wasserreservoirs und Außerbetriebsetzung der Nahrungsmittelherstellung. Wenn England und Frankreich Produktionsanlagen nicht unter ihre Gewalt brachten und für aggressive Zwecke umfunktionierten, wurden diese planmäßig gesprengt.

Waffen, die Frankreich gegen Deutschland nicht eingesetzt hat, tauchen jetzt aus den Arsenalen auf. Davon hatte Frankreich gegen die deutschen Gegner keinen Gebrauch gemacht, um sein eigenes Land zu verteidigen. Nun setzt es sie gegen das friedliche syrische Volk ein, um es unter furchtbare Bombardierungen zu setzen. Wohngebiete gehen in Flammen auf. Ganze syrische Ortschaften werden in Schutt und Asche gelegt.

Trotz alledem haben die Syrer auch nicht einen Augenblick vor dem französischen Terror und den Kriegsverbrechen kapituliert. Im Gegenteil, sie intensivieren ihre Abwehrkräfte.

Frankreich verübte Massaker in Städten und auf dem Land. Patrioten und Intellektuelle wurden öffentlich hingerichtet. Syrien wurde in ein Blutbad versenkt. Diesen Völkermord feierte Frankreich mit fürchterlichen Siegesorgien.

Während die europäischen Barbaren das traditionsreiche Syrien in ein Blutmeer versenkten, solidarisierten sich die Völker des gesamten Südens mit dem schwergeprüften Volk. Freiheitskämpfer aus den Nachbarländern eilten den heimgesuchten Syrern zur Hilfe herbei.

Analog leitete England seit 1920 Massenverbrechen gegen das irakische Volk ein. Die Royal Air Force (RAF) setzte den Irak unter flächendeckende Bombardierungen. Der arabische Widerstand gegen die europäischen Invasoren war sehr heftig. Freiwillige Kämpfer mußten tagelange Märsche durch die syrische Wüste in glühender Hitze auf sich nehmen, um solidarisch an der Seite der Syrer und Iraker zu stehen.

Hier wird zum ersten Mal die Luftwaffe als Mittel der Widerstandsbekämpfung eingesetzt, um die Solidarität der meist zu Fuß reisenden Kämpfer zu vereiteln. Die englische Regierung beorderte die RAF, an der Seite Frankreichs Syrien zu bombardieren. Die RAF-Piloten holten die Menschen in der Wüste ein, um sie aus unmittelbarer Nähe zu töten. Freiwillige Antiimperialisten, die seit Tagen auf dem Marsch zum Zweistromland waren, wurden aus der Luft physisch liquidiert. Trotz alledem konnten die humanistisch beseelten Freiheitskämpfer Schleichwege finden, wo sie sich den Fliegern entziehen konnten, und den heimgesuchten Völkern zur Seite zu stehen.

1920 verübte Frankreich das Massaker von Maysalūn, dem Massen von Menschen zum Opfer fielen. Der syrische Aufstand erlebte einen großen Rückschlag. Viele starben, nicht aber der Freiheitswillen.

Bis 1946 dauerte die Vorherrschaft Frankreichs über Syrien an. Im Widerstand gegen die imperialistischen Absichten Frankreichs hat das syrische Volk unzählige Opfer aufgebracht. Drei Jahrzehnte kämpften die Syrerinnen und Syrer geschlossen, zäh und konsequent, bis sie nach dem opferreichen Widerstand ihre Unabhängigkeit im Jahr 1946 durchgesetzt haben.

(26)

Das freie, unabhängige und souveräne Syrien wird feierlich proklamiert

Der freie, unabhängige und souveräne Staat Syrien mit verfassungsgebender Versammlung wurde 1946 durch den heroischen, opferreichen Widerstand des syrischen Volkes erkämpft. 1946 wurde die syrische Republik ausgerufen.
Von 1946 bis 1958 gab es häufige Regierungswechsel mit einander ablösenden Staatspräsidenten.

1958 bis 1961 vereinigten sich Syrien und Ägypten zur Vereinigten Arabischen Republik (VAR).
Seit 1963 regiert die Baʿṯ-Partei in Syrien.

1963 Regierungsantritt der „Baʿṯ-Partei".

Oktober 1970: Durch einen Putsch gelangt Ḥāfiẓ al-Asad zum Präsidentenamt. Die Baʿṯ-Partei regiert weiter.

17.07.2000: Baššār al-Asad tritt die Nachfolge seines Vaters nach dessen Tod an. Wiederwahl 2007 auf weitere sieben Jahre.

Die hohe Wahlbeteiligung und der große Stimmenanteil für Baššār al-Asad lassen kein Zeichen dafür erkennen, daß eine beachtliche Opposition gegen den Staatspräsidenten bestanden hatte, die als Vorboten einer Rebellion aufzufassen wäre. Die Provokationen seit März 2011 sind ja so militant offensiv, daß ihre Vertreter sicher keinen Grund hätten, sich bei den Wahlen 2007 zu verstecken.

März 2011 Beginn der Unruhen in Syrien.

Selbstverständlich hat die Baʿṯ-Partei eine innersyrische Opposition. Eine ehrliche, legitime Opposition ist alles andere als die menschenfeindlichen Provokateure, die 2011/12 in Syrien gegen das Volk destruktiv und aggressiv vorgehen.

(27)

Syrien – Opfer des Interventionismus

Übersicht

1. Einleitend
2. Die Szenarien ähneln sich. Die Tragödien wiederholen sich
3. Penetration
4. Infiltration
5. Propagandakrieg
6. Rekrutierung
7. Desparados
8. Der subversive Krieg des Imperialismus
9. Syrien als Opfer
10. *Divide et impera*
11. Syrien – Opfer des Interventionismus
12. Syrien – Protagonist der arabischen Einheit

Einleitend

Wir, Leserinnen und Leser, sowie der Autor dieser Zeilen sind Zeugen der US-NATO-Angriffe auf den Irak, Afghanistan, Somalia, Jugoslawien, Pakistan und auf andere Staaten und Völker. Diese Aggressionen haben den Heimgesuchten viele schmerzliche Opfer gebracht. Die Zahl der Toten geht in die Millionen. Mühsam erworbene Errungenschaften und verwirklichte Projekte werden zerbombt, Versorgungsanlagen zerstört, Kulturdenkmäler geraubt oder zerstört. Der in langer, harter Arbeit erzielte Aufbau wird dem Erdboden gleichgemacht. Die Betroffenen werden in ihrer Entwicklung um Jahrzehnte zurückgeworfen. Es ist kein Geheimnis, daß der Imperialismus nicht am Ende seines Zerstörungswerkes angelangt ist. Täglich stehen die Drohungen gegen andere Völker und Staaten in den Medien.

All diese Aggressionen werden von den Angreifern als Hilfe für die Opfer dargestellt: Als Herstellung von Menschenrechten, als Schutz für Minderheiten, als die Beseitigung eines einzigen Mannes an der Spitze des Staates, aber auch andere Ausreden und Vorwände werden genannt. In allen Fällen werden endogene Gründe vorgegeben.

Zurückgelassen werden zerstörte Wohnhäuser, zerbombte Produktionsanlagen, Ruinenlandschaft, verbrannte Erde, am tragischsten aber Massen von Toten.
Weniger registriert, aber extrem hart, ist in der Folge der Aggression, die Zersetzung der gesellschaftlichen und politischen Strukturen. Die intakte staatliche Organisation wird total oder teilweise außer Gefecht gesetzt. Das heimgesuchte Land wird destabilisiert. Sein Wiederaufbau wird erschwert. Anstelle patriotischer Kräfte, welche bisher das Land verwaltet haben, werden Marionettenregierungen eingesetzt, die nur Handlangerfunktionen für den Imperialismus wahrnehmen. Diese werden über die Kanonen der Aggressoren an die Macht gebracht. Sie herrschen so lange, wie der Imperialismus sie zu schützen in der Lage ist.

Die Szenarien ähneln sich. Die Tragödien wiederholen sich
Blicken wir auf die Geschichte des neunzehnten und zwanzigsten Jahrhunderts, erkennen wir, daß der Imperialismus seine gegenwärtigen Strategien im Vergleich zu damals geändert hat. Er stellt fest, daß er zwar in der Lage ist, Länder zu zerstören, nicht aber auf Dauer zu besetzen. Im Angesicht des steigenden antiimperialistischen Bewußtseins versucht er, seine Interventionen rechtlich zu legitimieren – freilich vergeblich. Außerdem fehlen ihm logistische Mittel, insbesondere genügend Menschen, die für ihn die Aggression durchführen. Niemand will freiwillig als Kanonenfutter dienen.

Es wäre das Beste, die imperialistischen Staaten, USA, England, Frankreich, Deutschland, Italien und die anderen NATO-Staaten würden erkennen, daß Frieden und Gerechtigkeit keine Alternative haben und daß sie darum friedliche Koexistenz mit allen Völkern üben. Diese Einsicht besteht leider nicht.

Dafür entwickelt der Imperialismus neue Strategien. Er inszeniert seine Interventionen als innere Bürgerkriege.
Ganz neu sind die jetzigen Strategien nicht. Sie sind so alt wie der Kolonialismus selbst. Neu ist nur die Modernisierung und Effektivierung dieser Strategien.
Die Methoden des Interventionismus werden subtiler, umso krimineller, unhumaner und völkerfeindlicher.

Penetration

Der Imperialismus schleust geschulte Todesschwadronen in das Zielland ein. Mit ihnen schleppen sie leichte Waffen ein. Nachschub mit schweren Waffen folgt. Ihre Hauptaufgaben sind Sabotage, Provokationen und die Wegbereitung für den Nachschub.

Provokationen werden gegen die eine Volksgruppe verübt, der anderen aber in die Schuhe geschoben, so daß Volksgemeinschaften, die schon immer friedlich mit- und nebeneinander gelebt haben, plötzlich in gegenseitige Feindseligkeiten geraten. Im schlimmsten Fall kommt es zum Bürgerkrieg, wobei man einschränken muß, daß oft Besonnenheit der benachbarten Volksgruppen die Entwicklung in Griff bekommen und die Eskalation verhindern.

Infiltration

Als Ergebnis der Penetrationsphase werden Unterschlupfräume für die breitere Infiltration geschaffen. Stärkere Kräfte werden je nach Maßgabe der Lage in das Land nachgeschoben. Sie sind mit geeigneten Waffen ausgerüstet. Sie verteilen sich flächendeckend. Ständig werden leichte und schwere Waffen nachgeschoben. Vom Innen her beginnt der Krieg gegen das schwer geprüfte Land.

Während des ganzen Prozesses von Penetration und Infiltration wird gegen das heimgesuchte Land *Low Intensity War* geführt. Dazu gehören Blockaden, Sanktionen, Sperren aller Art, inszenierte Knappheit und anderes mehr.

Propagandakrieg

Von da an beginnt der Medienkrieg gegen das Zielland. Es ist ganz offensichtlich, wie sehr international vorherrschende Medien in das Szenario des imperialistischen, von innen her geführten Kriegs, voll eingeplant sind und die imperialistische Aggression zu rechtfertigen versuchen. New York Times, Washington Post, Financial Times, Guardian, El Pais, NZZ, Süddeutsche Zeitung, BBC, CNN, sind nur Beispiele für unzählige andere. Intellektuelle und Boulevardzeitungen, Digitale Sendungen und Printmedien, Bild und Ton führen den kalten und den heißen Krieg mit: Ich zitiere ein typisches Beispiel der täglichen Schlagzeilen: „*Gaddafi tötet sein Volk*“. Richtig ist: Es waren englische, französische und US-Kommandos, die an der Zivilbevölkerung Libyens in den Jahren 2011/12 den

Massenmord angerichtet haben, einschließlich der Familie Gaddafis, seiner Kinder und Enkelkinder.
Die Drehbücher ähneln sich sehr. Sie tragen die gleiche Handschrift. Das Szenario, das gerade jetzt – 2011-12 – gegen Syrien gedreht wird, ist nicht neu. Es wurde geführt gegen den Irak, Jugoslawien, Somalia, Libyen und anderswo.

Im Szenario gegen Syrien wiederholen sich Züge, die schon gegen den Irak, Libyen und anderswo angewendet werden. Daß es in einem Fall funktionierte, muß aber im andern nicht aufgehen.

Die propagandistisch behaupteten Bürgerkriege sind exogen, nicht endogen. Volksgruppen, die seit Jahrhunderten und Jahrtausenden friedlich neben- und miteinander leben – warum sollten sie plötzlich einander bekämpfen? Die Provokationen werden im Inneren eines Landes geführt, aber von außen gelenkt und gesteuert. Die Täter werden von außen in das Land eingeschleust.

Rekrutierung
Es fragt sich, woher rekrutiert der Imperialismus Menschen als Werkzeuge zur Führung eines Krieges gegen ein Volk, das ihm nichts angetan hat.

Deklassierte und Marginalisierte aller Art gibt es als Opfer imperialistischer Ausbeutung, Ausplünderung, Verarmung und Verelendung. Die einen entschließen sich zum konsequenten antiimperialistischen Widerstand. Andere lassen sich anheuern für aggressive und destruktive Zwekke. Haufenweise werden sie in allen Kontinenten rekrutiert.

Wir hüten uns davor zu behaupten, daß alle deklassierten Bauern und Proletarier sich als Todesschwadronen verdingen lassen. Diese sind eher die Minderheit, leider aber genug für imperialistische Zwecke.

Desparados
Es sind versprengte Kräfte, aus jedem sozialen, politischen und gesellschaftlichen Zusammenhang herausgefallene Menschen. Letztlich sind sie vom Imperialismus deklassiert worden. Es sind Menschen, die sich nicht für den antiimperialistischen Widerstand entscheiden, sondern vom Regen in die Traufe fliehen. Inzwischen gibt es einen Markt zur Anwer-

bung solcher Elemente für den Krieg gegen die Völker, einschließlich des eigenen.
Es sind Kriminelle, die außer Töten nichts gelernt haben.
Erstmaliger Einsatz dieses Typus war der Krieg gegen die kommunistische Regierung in Afghanistan, die mit Unterstützung der Sowjetunion regierte und ihre Intervention veranlaßte (1979-82).
Die Fremdenlegionäre werden von ihrem imperialistischen Auftraggeber als „Afghanis" bezeichnet. Nicht weil sie aus Afghanistan stammen, sondern weil dieses Modell der Penetration und Infiltration erstmalig in Afghanistan angewandt wurde. Seitdem werden Todesschwadronen vom Imperialismus unter anderem „Afghanis" genannt, auch wenn ihr Einsatzgebiet nicht Afghanistan ist.
Das Experiment zur Führung eines Bürgerkriegs durch Kräfte von außen läuft also seit 1979. Der relative Erfolg dieser Truppen, die nach wie vor in verschiednen Ländern extrem zerstörerisch tätig sind, führte dazu, daß der Ausdruck „Afghanis" beibehalten und verallgemeinert wurde. Er bezeichnet salopp Killer, die in ein fremdes Land geschickt werden und den Krieg gegen sein Volk von innen her führen.

Der subversive Krieg des Imperialismus

Imperialismus ist Krieg. Er kennt nicht nur eine Art des Krieges. Allen Formen seiner Kriege gemeinsam sind Völkerverachtung und Verbrechen gegen die Menschlichkeit.
Die relativ neue Form des subversiven Kriegs wurde in den USA entwickelt. Nach der verheerenden Niederlage der USA in Vietnam haben US-Kriegstheoretiker damit begonnen, Typen und Formen des Krieges zu entwickeln, welche dem Opfer den größten Schaden herbeiführen, wobei die USA ihre offene Konfrontation mit dem Opfervolk reduzieren können. Der subversive Krieg ist ihr wichtigstes Modell. Er wird durch Todesschwadronen und andere subversive Elemente geführt. Das Opferland wird von innen her destabilisiert, zersetzt und zerstört.
Ironischerweise wollen die USA dabei die Rolle von Zuschauern, Beobachtern und sogar Richter spielen. Sie schaffen dabei einen Vorwand für die Intervention, darum heißt dieses Modell auch „Interventionismus". Und das in so unterschiedlichen Situation und doch immer nach dem gleichen Drehbuch.

Syrien als Opfer

Nach Beginn der Meuterei in Syrien im März 2011 sind solche Berufskiller in großen Zahlen in Syrien eingeschleust worden. Zahlreich sind Todesschwadronen von den syrischen Sicherheitskräften festgenommen worden. Die meisten konnten kein Arabisch. Viele wußten nicht mal, in welchem Land sie sich befinden.

Es springt geradezu ins Auge, daß die inszenierte Rebellion in Gebieten stattfindet, welche überhaupt für politische Aktionen völlig untypisch sind. Es sind Randgebiete ohne Basis und ohne erkennbare Bewegungen von unten. Sie liegen im Grenzbereich zu feindlichen Staaten, am heftigsten in unmittelbarer Nähe zur Türkei, die sonst auch Provokationen gegen Syrien stiftet.

Im syrischen Binnenland herrscht hingegen relative Ruhe. An den Universitäten, Schulen und Betrieben, wo politisch heftig diskutiert wird, werden Pro- und Contra-Meinungen freimütig geäußert – von einem Aufstand jedoch kann keine Rede sein. In den Wohngebieten bestehen gutnachbarliche Beziehungen. Gerade in Syrien ist patriotisches Bewußtsein stark ausgeprägt. Politische Kritik wird in Solidarität geäußert. Das Volk hält zusammen. Gefahr besteht ausschließlich durch Todesschwadronen und Kommandos, welche von außen in das Land eindringen. Das hat zur Wachsamkeit der Bevölkerung geführt. Wenn es um die Sicherheit Syriens geht, werden mögliche Widersprüche zur Politik des Staates zurückgestellt.

Sorge und Wut des Volkes richten sich gegen die Gewalttätigkeit der Todesschwadronen.

Es sind gerade die kriminellen Handlungen der sogenannten „Opposition", die beweisen, daß sie von volksfeindlichen Elementen, die in das Land eingeschleust wurden, verübt werden. Nicht weniger auffällig sind die Anschläge gegen Versorgungsanlagen und die massive Gewalt gegen Kräfte, welche dem Volk dienen.

Die Provokateure schleichen sich nach Syrien mit schweren und leichten Waffen ein, sind schießwütig und töten wahllos friedfertige Menschen und Familien. Sie werfen Raketen und Bomben auf Versorgungsanlagen – einschließlich Bäckereien. Ihr Ziel ist es, Syrien ins Chaos zu stürzen und es für die NATO-Invasion sturmreif machen. Dieses Drehbuch kennen wir schon. Es ist identisch mit den Vorbereitungen zur NATO-Intervention in Somalia, Jugoslawien, Afghanistan, Irak und Libyen. Es sind

alles Staaten, die bis dahin vom eigenen Volk getragen waren und sich der friedlichen Koexistenz mit ihren Nachbarländern erfreuten.
Die Provokationen gegen Syrien werden von allen imperialistischen Medien einschließlich al-Gazīra und al-ʿArabiyya unverhältnismäßig stark gepowert. Die Anschläge und Massenmorde werden dem syrischen Regime in die Schuhe geschoben. Indes konnte die syrische Informationsarbeit nachweisen, daß die Verbrechen gegen das syrische Volk von außen gesteuert werden.

Historischer Kontext

Irak, Jugoslawien, Somalia, Libyen, Syrien, Afghanistan, Pakistan, Nicaragua und andere sind Opfer von imperialistischen Kriegen, die als Bürgerkriege suggeriert werden, wobei der Imperialismus sich zunächst im Hinterland verschanzt. In all diesen Fällen hat es aber nicht lange gedauert, bis der Imperialismus – USA, Deutschland, Frankreich, England, NATO – in all seiner Brutalität, Skrupellosigkeit und Hässlichkeit in den Vordergrund getreten ist.
Die Kapazität von Todesschwadronen und Fremdenlegionären ist begrenzt. Ihre Funktion beschränkt sich nicht auf die Eroberung der Macht, sondern auf die Vorbereitung der direkten imperialistischen Intervention.

Betrachten wir die Politik, Wirtschaft und Gesellschaft der heimgesuchten Länder, von denen wir einige Beispiele genannt haben: Es sind in allen Fällen Länder, die in ihrer Staatsführung für den Imperialismus unerwünscht waren. Der Imperialismus meinte, sie zerstören zu müssen, um seine Interessen durchsetzen zu können.
Eine Tatsache schreit zum Himmel: Alle genannten Länder haben über Jahrhunderte und Jahrtausende eine friedliche Geschichte hinter sich. Der Friede herrschte nach Innen und Außen.
Volksgemeinschaften leben historisch in Frieden miteinander. Gutnachbarliche Beziehungen prägen die Verhältnisse im Inneren und zu den Nachbarvölkern. Plötzlich werden Parolen des Hasses und des Separatismus laut. Das geschieht auf einmal, nicht nur in einem Fall und nicht nur in einem Land, sondern stereotyp.

Divide et impera

Wie sehr die Szenarien sich ähneln. Den imperialistischen Strategen fällt nicht anderes ein, als Völker und Glaubensgemeinschaften gegeneinander auszuspielen. Es ist traurig, daß es funktioniert, doch nicht überall, z.B. nicht in Ägypten. Es wäre aber schön, wenn sich alle Völker auf die innere Tradition der gutnachbarlichen Beziehungen, Toleranz, Völkerfreundschaft besinnen und sich der imperialistischen Politik *divide et impera* widersetzen.

Syrien – Opfer des Interventionismus
Syrien war und ist ein gesellschaftlich und politisch stabiles Land. Es beugte sich weder imperialistischen noch zionistischen Diktaten. Gleichwohl war es stets kompromissfähig und zu Konzessionen bereit.
Bei seinem Bestreben, Syrien zu destabilisieren, stieß der Imperialismus auf die Gegenliebe der arabischen Erdöloligarchien. Die Interessengemeinschaft von NATO und Erdölprinzen herrscht nur durch die Macht vernichtender Waffen, nicht durch einen irgendwo existierenden Volkswillen.

Syrien ist umgeben von ausschließlich reaktionären, imperialismusabhängigen Regimes: Im Süden das monarchistische Jordanien, die Erdöloligarchien Saʿūdi-Arabien, Qaṭar, Kuwait, im Osten der von Marionetten, die über die Bajonette der NATO an die Spitze des Staates gesetzt wurden, regierte Irak, im Norden der NATO-Staat Türkei und im Westen und Süden der zionistische Staat Israel. All diesen Regimes zusammen mit dem Imperialismus gemeinsam ist die Feindseligkeit zu Syrien und die Absicht, es zu destabilisieren und zu zersetzen.

Syrien – Protagonist der arabischen Einheit
Nichts fürchtet der Imperialismus mehr wie die Einheit der Völker. Das Gespenst, das ihn tags und nachts beunruhigt, ist die arabische Einheit.

Die arabische Einheit ist in den Völkern der Region voll verankert. Verhindert wird sie durch lokale Machthaber, die auf den eigenen, egoistischen Vorteil bedacht sind. Skrupellos bilden diese mit dem Imperialismus und der NATO eine Interessengemeinschaft. Allen voran die sieben Familien, welche über Arabien, also das Territorium zwischen dem Roten Meer und dem Arabischen Golf, herrschen. Durch diese Oligarchien ist die reichste Region der Welt ist zum Ausplünderungsparadies für den Imperialismus geworden.

(28)

Modernes Syrien

Nach dem Rausschmiß der Franzosen aus Syrien, Verwirklichung der politischen Unabhängigkeit und Entfaltung der nationalen Befreiung, verzeichnete Syrien rasch große Fortschritte auf allen Gebieten der Wissenschaft, Technik, Kultur und Literatur. Es schloß sich der schon bestehenden Liga der Arabischen Staaten an. Es gehörte zu den ersten Voll-Mitgliedern der Vereinten Nationen. Syrien führte ein Sofortprogramm zur Arabisierung des Schulwesens, des Studiums, der Verwaltung und des öffentlichen Lebens durch.

Das moderne Syrien verzeichnet einen hohen Standard von Bildung und Ausbildung. Ein hoher Prozentsatz des Nachwuchses verfügt über ein Studium oder eine Fachausbildung. Es herrscht eine hohe Quote der Beschäftigung. Frauen und Männer sind gleichberechtigt und sind in politischem und gesellschaftlichem Leben voll integriert.

Die Gesundheitliche und soziale Versorgung erfüllen die Anforderungen, die an einen modernen Staat gestellt werden. Sie kommt allen Schichten des Volkes zugute.
Syrien ist autark und unverschuldet.

(29)

Damaskus (II)

Damaskus heute

Die Urbanisierung, die Landflucht in die Großstädte und der wachsende Autoverkehr sind für die syrische Hauptstadt eine große Belastung geworden.

Madīna al-qadīma

Die Altstadt von Damaskus ist an die urbane Struktur der Neustadt mit ihrem Verkehrsstau und Umweltbelastung schutzlos angeschlossen. Getrennt sind sie nur durch eine stark befahrene Autostraße. Sie verläuft zwischen der Alt- und Neustadt.

Die „Gerade Straße“ bildet die Ost-West-Achse der Hauptstadt. Von der Altstadt kommend führt sie durch die Stadtmauer und mündet so in das dichte Verkehrsnetz. Die verkehrssoziologischen Konsequenzen konnten nicht ausbleiben. Allgemein ziehen Kreuzungen eine Konzentration von Geschäften und eine Vermassung nach sich. Dienstleistungen und private Fortbewegung folgen. Eine Mischung von öffentlichen und privaten Fahrzeugen verdichtet sich vor, in und nach dem Östlichen Tor. Hinzu kommt die Überlappung mit Fußgängern und Passanten. Die Verkehrsregelung hängt weniger von der Anwendung der Vorschriften und Beachtung der Verkehrszeichen ab als von der Spontaneität aller Autofahrer, die auf die momentan bestehende Lage rasch reagieren müssen. Der Verkehr mit solchermaßen hoher Dichte belastet unvermeidlich das archäologisch, historisch und ästhetisch bedeutsame Denkmal.

Das weltweit einzigartige Kulturerbe der syrischen Hauptstadt bedarf einer übergreifenden Sanierung. Angesichts der Probleme von Urbanisierung, Fahrzeugbelastung und Verkehrsexplosion legen syrische Verkehrspolitiker, Kommunikationssoziologen und Städteplaner Konzepte vor, die auf die umfassende Sanierung der Hauptstadt ansetzen: Umgehungsstraßen, Erweiterung des Straßennetzes und Verlegung der Fernverbindungen sind in Arbeit. Die Kreuzungen der Fernstraßen müssen außerhalb der Wohngebiete lokalisiert werden.

Die „Gerade Straße“, die Altstadtmauer und ihre sieben Tore sind nach wie vor ein weltweit einzigartiges Kulturerbe. Als solche soll sie erhalten bleiben. Als Fußgängerzone bewahrt sie ihren ursprünglichen Charakter und imponiert durch die Akkumulation der aufeinanderfolgenden Epochen.

Eine grundsätzliche verkehrspolitische Stadtsanierung der Madīna alqadīma muß auf viele Aspekte und die widersprüchlichen Interessen Rücksicht nehmen.

Die Struktur der Altstadt basiert auf der Teilung in Wohnbezirk und Gewerbegebiet. Die prinzipiell sinnvolle Einteilung ist inzwischen obsolet geworden. Die begrenzte Kapazität des jeweiligen Territoriums ist durch den weit überproportionalen Zuzug unzureichend geworden. Kein Sanierungsplan wird allen Parteien zugleich gerecht sein und alle zusammen zufrieden stellen können. Gewisse Interessen müssen einer notwendigen Sanierung geopfert werden. Die Wohnbevölkerung muß auf jeden Fall die absolute Priorität bleiben. Ihr müssen Einrichtungen zur schulischen, sozialen und medizinischen Versorgung, sowie Möglichkeiten der Naherholung und der Freizeitgestaltung zur Verfügung gestellt werden.

Bei alldem muß der Abriß altehrwürdiger Baudenkmäler auf jeden Fall vermieden werden. Aber wie kann das in Damaskus mit einem Kulturerbe aus allen Geschichtsepochen durchgeführt werden?
Erst vor kurzem, im Jahr 2000, im Zuge eines Tunnelbaues unter der Ringstraße der Altstadt von Damaskus sind in der Tiefe zum Beispiel die Reste einer historischen Burg aus der Ayyūbidenzeit (1171-1259) freigelegt worden.
Traditionelle Bauten, religiöse Einrichtungen, Kultstätten, Sūq al-Ḥamīdiyya und vieles anderes mehr würden um ihrer Erhaltung willen einen auch noch so genial durchdachten Sanierungsplan schier unmöglich machen. Weitere Hindernisse im Wege einer radikalen Sanierung sind der Zustrom der Menschen von Nah und Fern, der Besucherverkehr sowie die Touristik. Keine Sanierungsbehörde kann an diesen Determinanten vorbei. Was die Schonung und den Erhalt der archäologischen Denkmäler betrifft, tut der syrische Staat sein Bestes.

1979 erkannte die UNESCO die Altstadt von Damaskus als ein Weltkulturerbe an.

Notwendig ist insbesondere die Aufstellung und Realisierung von Strukturentwicklungsplänen zur Steigerung der Attraktivität von Ortschaften des Rīf, der Wüstenregionen und der Peripherie, die geeignet sind, der Landflucht entgegenzuwirken. Im Ergebnis sollen Menschen von den Großstädten wieder aufs Land ziehen. Der Prozeß der Urbanisierung kehrt in die umgekehrte Richtung um.
Als weiterer Vorschlag sei die „Dezentralisierung“ genannt. Die Konzentration von staatstragenden Organen ist keine Notwendigkeit. Ministerien und Behörden sollen auf die Provinzen verteilt werden.

Sūq al-Ḥamīdiyya
Die älteste Einkaufsstraße der Welt liegt heute in der Altstadt von Damaskus. Sie war schon immer eine Fußgängerzone. Es ist schwer, sich für den Besuch eines Ladens zu entscheiden, dann schon, aber nur stellvertretend für andere.
Entschieden habe ich mich für einen, der eine Vielfalt von Angeboten an Produkten des Handwerks ausstellt: Präzision und Faszination fesselten mich. Wir, der Ladenbetreiber und ich, sprachen über Philosophie, Geschichte, Literatur und Kultur, Welt- und Lokalpolitik. Egal, welches Thema wir angeschnitten haben, das Gespräch hat bei uns beiden das geschäftliche Interesse verdrängt. Es kam mir so vor, als sitze ich in einem wissenschaftlichen Kolloquium. Wenn ich bei einem Punkt aufgehört habe, fuhr der Kaufmann weiter. Ich horchte auf. Seine Worte waren sehr weise, vor allem mit Hinblick auf die Verbindung von Theorie und Praxis. Ich mußte einsehen, daß das rein akademische Interesse eine Entgleisung ist.

Tee und Mokka werden mehrfach serviert.
Das Gespräch dauerte Stunden, das Geschäft Minuten.
Das ist Sūq al-Ḥamīdiyya.

– Geld spielt nicht keine Rolle,
  aber Geld ist nicht alles
  Handel und Kultur sind komplementär

Die Krönung war der anschließende Besuch der Umayyadenmoschee. Sie liegt am Ende von Sūq al-Ḥamīdiyya. Was für eine Faszination: Frömmigkeit und Architektur, Ästhetik und Spiritualität. Menschen beten, andere sitzen im Kreis und diskutieren. Als ich bei einer Ḏikr-Gruppe stand, war ich wie von einer elektromagnetischen Welle erfaßt. Diese besondere Art meditativer Musik hat mich ergrifen. Ich wollte nicht mehr reden. Schweigend ging ich zwischen Säulen und Nischen. Es war ein wundersames Erlebnis von Innigkeit und Frieden. Ich werde von einer Welle der Ehrfurcht und der Besinnlichkeit erfaßt.

Die Wanderung durch die Altstadt von Damaskus ist eine historische Reise durch die Zeit. Die Langzeitgeschichte, die wir vertikal durch die Zeit darstellen, steht in Damaskus horizontal.
Es ist nicht nur die Jahrtausende lange Akkumulation von Geschichtsepochen und ihr Kulturerbe, sondern die Tatsache, daß sie dort lebendig ist. Geschichte ist Gegenwart und umgekehrt.

(30)

Wer sind die Araber?

Gegenwärtig sind zweiundzwanzig Staaten als „Arabische Liga“, die älteste existierende internationale Organisation, zusammengeschlossen.

Es wäre viel zu verkürzt, die Frage „Wer sind die Araber?“ damit zu beantworten: *Sie seien die Bürger der Staaten der Arabischen Liga.*

Um die Frage, wer die Araber seien, zu erläutern, beantworten wir die einfachere Frage, „Was Araber *nicht* sind“. „Araber“ ist keine ethnische Bezeichnung. Selbstverständlich gibt es Araber, die sich ethnisch verstehen. Diese sind jedoch eine Minderheit, welche die Arabische Halbinsel bewohnt. Auch in den anderen arabischen Ländern führen etliche ihre Abstammung auf Auswanderungen aus Arabien zurück, dennoch kommt man dem Selbstverständnis heutiger Araber in keiner Weise nahe, wenn man sie ethnisch betrachten will. Daß es aber die „Araber“ gibt, die sich nicht im ethnischen Sinn als Araber definieren, wird keiner ernsthaft bestreiten können. Ebenso wenig wird jemand bestreiten, daß die Stiftung einer großen Weltreligion auf einen arabischen Propheten zurückgeführt wird. Aber auch im Alten Testament kommen etliche arabische Propheten vor. Ähnliches gilt für das Neue Testament (z.B. das Buch Hiob im AT, Paulus mit seinen Episteln im NT). Auch in anderer Hinsicht leisteten und leisten Araber einen sehr erheblichen Beitrag zur Entstehung und zum Aufbau der Weltzivilisation. Das sind Realitäten, die niemand in der Welt unwidersprochen ignoriert. Es muß also doch eine verbindliche Definition geben, welche dem Selbstverständnis der Araber entspricht und gerecht ist. Die große Völkergemeinschaft der Araber begründet ihre Zusammengehörigkeit *nicht* durch die Rückführung auf eine gemeinsame ethnische Abstammung.

Die arabische Welt ist die Wiege der Menschheit. Sie ist das älteste auf Dauer bewohnte Gebiet des Globus. Sie vereint ägyptische, aramäische, assyrische, babylonische, sumerische, akkadsche, hethitische, jemenitische, afrikanische, asiatische, viele andere und Kulturen. Während der Wellen der Verfolgung in Europa während der Inquisition, „Hexenverfolgung“, „Reconquista“ und Kreuzzüge sind Europäerinnen und Europäer in großen Zahlen in die Arabische Welt geflüchtet und konnten so gerettet werden. Auch diese empfinden und definieren sich als Araber. Die Arabische Welt vereint die Religionen Islam, Christentum, Judentum und viele andere große und kleine Religionen. Ja, Keine andere Weltregion vereint so viele Ethnien, Glaubensgemeinschaften und Kulturen wie die Arabische Welt.

Die Völker der arabischen Weltgegend haben als Erste – Jahrhunderte vor der EU – die Sinnlosigkeit der Kleinstaaterei (Mulūk aṭ-Ṭawāʾif) erkannt und den Vorteil, ja die Notwendigkeit größerer Zusammenschlüsse eingesehen. Sie vereinbarten die Bildung einer größeren Lebensgemeinschaft, in der die Freizügigkeit, Bewegungsfreiheit, Austausch von Interessen, Ideen, Kultur und Waren problemlos und ohne Behinderung geschieht. Darum werden die arabischen Eroberungen „fatḥ" genannt, das heißt, sich gegenseitig öffnen, sich aneinander anschließen, zusammenfließen. Der Ausdruck „arabisch Eroberungen" ist eine europäische Wortprägung, welche den historischen Tatsachen der arabischen Geschichte nicht gerecht ist. Vor den „arabischen Eroberungen", welche im Jahr 634 n.Chr. begonnen haben, waren die arabischen Länder durch die römische und byzantinische Fremdherrschaft zerstückelt, voneinander isoliert und gegenseitig abgeschlossen. Die arabischen Heere jeweils mit Unterstützung der einheimischen Bevölkerung haben die Grenzen wieder geöffnet und Freizügigkeit wieder möglich gemacht.
Seit Jahrtausenden wurde der arabische Raum durch seine Toleranzkultur zu einem Schmelztiegel der verschiedenen Ethnien. Durch seine vielseitige Attraktivität zog er damals und heute noch Menschen und Menschengruppen aus aller Welt an. Auch diese sind schon lange integriert. Sie sprechen Arabisch und tragen arabische Namen. Ibn-Ḫaldūn schreibt vor über sechshundert Jahren: „*Genealogien sind eine Illusion*".

Stolz weisen heutige Araberinnen und Araber auf diese lange, ehrwürdige Tradition hin, getragen von Toleranzkultur, Moralkodex und Werten, welche die Lebensqualität der Menschen erhöhen und zum Ausdruck bringen, was es heißt, Mensch zu sein. Es ist aber auch dieser umfangreiche Kodex, der für die Stabilität und den inneren Frieden der Region sorgt und die Freundschaft zwischen den unterschiedlichen Gemeinschaften garantiert. Zu dieser Werteordnung zählen die weltberühmte arabische Großzügigkeit, Gastfreundschaft, Achtung und Respekt vor dem Fremden als Ausdruck des Selbstrespektes. Schon die ältesten Berichte von Reisenden der Antike sprechen mit großer Bewunderung von der Xeno-

philie, Liebe, Ehrung und der unvoreingenommenen, herzlichen Aufnahme des Fremden.
Der Nächste ist der Fernste. Es reicht nicht aus, deinen Nächsten zu lieben. Es kommt darauf an, den Fernsten und Fremdesten wie dich selber zu lieben, aufzunehmen und ihm gastlich zu dienen. Werteordnung und Normenkodex waren sehr früh ausformuliert – zunächst regional in den die arabische Welt bildenden Lebens- und Kulturräumen. Die lokalen sozialen und ethischen Kodizes ergänzten sich gegenseitig. Eine umfangreiche Werteordnung bildete sich noch in vorschriftlicher Zeit heraus. Sie ist menschheitsgeschichtlich der älteste uns bekannte Moralkodex. Hieraus ergeben sich Erziehungsideale und Bildungsinhalte, die heutige arabische Kinder früh lernen, wie einst ihre Vorfahren vor Jahrtausenden.

Auf dem Boden der arabischen Welt sind die großen monotheistischen Religionen entstanden, u.a. das Judentum, Christentum und der Islam, deren Gemeinden sich jetzt als Fortsetzung der Gründerzeit begreifen. Vom arabischen Raum aus verbreiteten sich diese und andere Religionen in die weite Welt. Jeder Mensch unterhalb der Kreisbahn des Mondes hat ein Stück arabisches Erbe in seiner Kultur. Viele Konfessionen, die im Römischen Reich, später in Byzanz verfolgt waren, weil sie nicht der Reichskirche angehörten, flohen in die arabische Region und konnten bis heute überleben, sonst wären sie – wie andere, die nicht rechtzeitig flüchteten – Opfer von Inquisition, Kreuzzügen und Reconquista. Die Sprache dieser Gemeinschaften ist jetzt das Arabische. Viele animistische Religionen mit hohen philosophischen, kulturellen und ethischen Idealen konnten der europäischen Mission, die den Kolonialismus begleitete, widerstehen. Diese Glaubensformen leben heute mit ihrem Kult auf dem Boden der arabischen Region, z.B. im Sudan. Keine andere Weltgegend vereint so viele Überlieferungen, kulturelle Traditionen und Glaubensgemeinschaften wie der arabische Raum. Entgegen den in Europa heute noch verbreiteten Vorurteilen und Klischeebildern war die traditionelle Toleranzkultur schon immer ein charakteristisches Merkmal der arabischen Welt.

Die Araber lassen sich also weder ethnisch noch religiös definieren, doch kommen wir ohne eine nähere Bestimmung, welche die Zusammengehörigkeit der arabischen Menschen begründet, nicht aus.

Die Integrität der großen orientalischen Gesellschaft läßt sich historisch begründen und legitimieren. Man muß natürlich darauf hinweisen, daß die europäische Orientalistik ein gefälschtes Bild von Geschichte konstruiert hat. Darum haben wir uns die Aufgabe der Geschichtsrevision auferlegt.

Wir blicken in die alte Geschichte zurück: Die archäologischen Funde sprechen eine eindeutige Sprache. Sie lassen sich auf Jahrtausende vor Christi zurückverfolgen. Motive, die in Ägypten vorkommen, finden sich südlich im ganzen Niltal und bis weit in das übrige Afrika, östlich über Syrien, Mesopotamien bis Hindustal, ohne dort halt zu machen, westlich sind sie in ganz Nordafrika präsent. Mit der Höhlenmalerei und den Wandzeichnungen beginnend, über Tongefäße, Keramik, Ornamentik, Architektur, Arabesken bis zu den Alltagsgebräuchen häufen sich die Beweise für die schon „prähistorisch" bestehende kulturelle Einheit der großen orientalischen Völkergemeinschaft. Der Kern dieser großen Gesellschaft ist die heutige arabische Welt. Kulturelle Einheit ist ihrerseits Ausdruck der sozialen, politischen und zu allererst der menschlichen Verbundenheit. Nur in ihrer großen Ausdehnung ist die Region in ihrer Zusammengehörigkeit und Einheit wirtschaftlich integriert.

Wenn wir vom heutigen Standort aus in die Geschichte zurückblicken, stellen wir fest, daß sich in der weiten Region vom Atlantik bis nach Mittelasien über Jahrtausende eine breite, zusammengehörige Gemeinschaft herausgebildet hat. Sie entstand nicht erst mit den arabischen Eroberungen des siebten Jahrhunderts nach Christus, wie oft geglaubt wird. Vielmehr haben diese Eroberungen die kulturelle Einheit und gesellschaftliche Zusammengehörigkeit, welche in der Region schon immer bestanden hat, vorgefunden und weiter auf- und ausgebaut.
Während der römischen und byzantinischen Fremdherrschaft hatten die Völker des Orients und Nordafrikas unter der siebenhundertjährigen (30 v.Chr. bis 634 n.Chr.) Fremdherrschaft schwer gelitten. Die arabischen Eroberer wurden von der jeweiligen Einwohnerschaft als Befreier aufgenommen. Sie stellten eine Situation wieder her, die vor den Römern schon immer bestanden hatte. Wir besitzen genügend Textzeugnisse von nichtmuslimischen Zeitgenossen (z.B. Patriarch Benjamin von Ägypten, Johannes von Nikios und Johannes von Damaskus), welche die arabischen Eroberungen als Befreiung von der grausamen byzantinischen Verfolgung beschreiben. Die arabischen Heere führten den Krieg ausschließlich gegen die fremden Herrscher und in keinem einzigen Fall gegen die einheimische Bevölkerung. Anders wäre der rasche Vormarsch der arabischen Armeen, der von keinem Militärhistoriker geleugnet wird, nicht er-

klärlich. Es wundert also nicht, daß die arabischen Eroberungen von den Völkern dieser Länder als Befreiung empfunden wurden.
Entgegen verbreiteter Lehrmeinung halten wir an dieser Stelle fest, daß die Eroberungen des siebten Jahrhunderts die große, zusammengehörige orientalische Gemeinschaft nicht erst begründet, sondern eine schon bestehende verfestigt und ihr ihre Tragfähigkeit wiedergebracht haben. Wir konstatieren: Die kulturelle Einheit der arabischen Welt ist nicht erst das Produkt der arabischen Eroberungen 634-700 n.Chr. Diese haben aber die durch das Römische Imperium geschwächte große orientalische Gemeinschaft wiederhergestellt und gestärkt, ihre Einheit und Geschlossenheit nicht erfunden, sondern vorgefunden, ausgebaut und vertieft.
Selbstverständlich haben die Araber der Halbinsel und das Kalifat viel zur Vereinheitlichung der arabischen Völker beigetragen. Die Verbreitung der arabischen Sprache und Schrift und die Ökonomie in großen Wirtschaftsräumen förderten die Integration der arabischen Welt. Die Freizügigkeit, die Erleichterung der Mobilität und des Austausches, die Entfaltung von Wissenschaft und Kultur in großem geographischen Rahmen wären ohne die arabische integrative Politik und die Toleranzkultur nie denkbar gewesen.

Es ist daher inkorrekt, die arabischen Eroberungen als Diskontinuität oder gar Bruch in der Geschichte – wie sie in der europäischen Literatur dargestellt werden – zu betrachten.

Weiter oben haben wir einen Abriß der Geschichte Syriens vorgelegt. Nehme jemand die syrische Geschichte und stelle sie in eine Synopse mit der Geschichte anderer Völker des Arabisch-islamischen Weltreiches wird man sich wundern, wie verblüffend die Gemeinsamkeiten bis hin zur Einheit der Epochenteilung sind.

Es seien einige gesellschafts- und staatstragende Ideen genannt:
„Maʿat“ des alten Ägypten entspricht „ʿAdl“ im Kalifat,
„Nous“ der Gnosis ist mit „ʿAql“ identisch.
Maʿat steht für Gerechtigkeit, Gleichheit und Harmonie, ʿAql für Vernunft.

Auf die religionsgeschichtliche und philosophische Kontinuität – über dogmatische Unterschiede hinweg – vom alten Ägypten über Judentum, Christentum und Islam sei an dieser Stelle nur summarisch hingewiesen.

Rom und Byzanz haben von 31 v.Chr. bis 642 im Orient und Nordafrika massive Zerstörungen und blutige Verfolgungen angerichtet. Die Einheit der Region war durch die langanhaltende Fremdherrschaft nicht verlorengegangen, hatte aber wohl darunter sehr gelitten. Sie wurde durch die arabischen Eroberungen voll wiederhergestellt.

Nach meiner Sicht steht das Kalifat (632-1259) in der Tradition des Alten, Mittleren und Neuen Reiches. Unterschiede im Detail werden hiermit nicht aufgehoben, diese sollen aber nicht dazu genutzt werden, von der Kontinuität abzulenken.

Die arabischen Eroberungen (634-750) zeichnen sich dadurch aus, daß sie in keinem einzigen Fall die einheimische Bevölkerung bekriegten, sondern nur eine ausbeuterische Fremdherrschaft über ein Volk entmachtet.

Die Epoche der rechtgeleiteten Kalifen (634-660)
Begonnen haben die arabischen Eroberungen unter ʿUmar I. (634-644). Das arabische Wort für „Eroberung“ ist „fatḥ“, zu Deutsch „Öffnung“. Das war auch genau das, was den Vorgang umschreibt. Voneinander durch gewaltsam gezogene Grenzen des Römischen Reichs getrennte Völker und Länder werden sich nunmehr einander öffnen.

Die Umayyaden (660-750) mit Residenz in Damaskus
Die Umayyaden sind weltgeschichtlich die Ersten, die Ökonomie in großen Wirtschaftsräumen geplant und organisiert haben. Die Infrastruktur wurde angelegt und ausgebaut, der innerarabische Austausch blühte, Sicherheit auf den Fernstraßen förderte den Welthandel. Die Völker erlebten eine langanhaltende Epoche des Friedens und Wohlergehens. Diese Tatsache erklärt die sehr lange Stabilität der politischen und wirtschaftlichen Verhältnisse in der arabischen Geschichte. Aufstände gegen die Zentralgewalt hat es gegeben. Bemerkenswert ist aber, daß sich die widerständischen Bewegungen hauptsächlich gegen die Steuererhöhungen richteten, aber die Einheit des großarabischen Reiches nicht erschüttern wollten.

Die ʿAbbāsiden (750-1258)
Die ʿAbbāsiden sind durch ein breites Bündnis als Nachfolger der Dynastie der Umayyaden zur Macht gekommen.

Unmittelbar nach ihrem Machtantritt haben die ʿAbbāsiden die Expansion gestoppt und damit begonnen, Friedensverträge mit allen Staaten und Völkern schließen. Unter ihnen herrschte buchstäblich der Weltfrieden. Erst die Europäer haben mit der Mobilmachung zu den Kreuzzügen diesen international herrschenden Frieden gebrochen. Ihre Kriege führen sie leider ununterbrochen bis heute.

Nun aber zurück zur ʿabbāsidischen Herrschaftszeit.
Viele Völker, z.B. die Ägypter, wären durchaus in der Lage gewesen, ihre Unabhängigkeit durchzusetzen, denn weder die arabische Sprache noch der Islam hatten zu diesem Zeitpunkt beachtliche Verbreitung. Statt Selbständigkeit unterstützten die Aufständischen eine andere arabische Dynastie, die der ʿAbbāsiden, und verhalfen ihr zur Macht. Es ist ganz klar, daß den Völkern im arabisch-islamischen Reich Einheit viel wichtiger war als Unabhängigkeit oder gar Separatismus. Die Einheit war notwendig für den Welthandel, das Reisen, den menschlichen, kulturellen, wissenschaftlichen und Waren-Austausch. Wir erfahren oft von Aufständen, aber selten, eigentlich kaum, von separatistischen Bewegungen in der arabischen Geschichte. Die in Europa oft auf Zwangsislamisierungen und Zwangsarabisierungen zurückgeführte Vereinheitlichung ist unhistorisch. Richtig ist, daß bereits 640 die Administration ʿAmru b. al-ʿĀṣ sich gegenüber dem nubischen christlichen (sog. „monophystischen“) König Nubiens auf dauerhafte friedliche Koexistenz vertraglich verpflichtet hat. Nach diesem Vertrag (im nubischen Text „Pakt“ genannt) soll kein arabisches Heer weiter in Afrika vormarschieren. Der Pakt wurde bis heute – über 1370 Jahre eingehalten. Ein Großteil der afrikanischen Staaten ist heute bis zu hundert Prozent islamisch, ohne daß je in diese Staaten eine arabische Armee einmarschierte. Ähnliches gilt für Asien. Indonesien z.B., dessen überwältigende Bevölkerungsmehrheit muslimisch ist, wurde nie von einer islamischen Armee betreten.
Es war gerade die Unterstützung der aufständischen Völker in den eroberten Ländern gewesen, welche den Machtantritt der ʿAbbāsiden ermöglicht hat. Sie regierten kontinuierlich über fünf Jahrhunderte (750-1258), eine sonst woanders selten nachweisbare Herrschaftsdauer. Diese relativ lange, stabile Epoche ist vielen Faktoren zu verdanken, vor allem aber dem Gerechtigkeitsprinzip ʿAdl (Maʿat). Es ist klar, daß auch die Herrschaftszeit der ʿAbbāsiden von Aufständen begleitet war, die bis hin zur Entstehung autonomer Regierungen – mit Ägypten unter den Ṭūlūniden beginnend (869) – führten. Doch selbst diese autonomen Staaten haben für die Einheit des großen arabisch-islamischen Reiches gesorgt. Das ta-

ten sie nicht aus einer Mystifizierung der Einheit heraus, sondern weil Einheit dem Separatismus in jeder Hinsicht vorzuziehen ist. Andere widerständische Bewegungen, z.B. die Qarmaṭen (900-1100) bewirkten ihrerseits eine konstruktive Dynamik. Durch die Realutopie der Qarmaṭen sahen sich die ʿAbbāsiden herausgefordert, das Gerechtigkeitsprinzip glaubwürdiger zu verwirklichen. Jedes der Herrschaftsmodelle konkurrierte mit dem anderen in bezug auf die Anwendung der ʿAdāla. Mehrere autonome Dynastien und Administrationen bildeten sich im Verlauf der Jahrhunderte heraus, haben jedoch im Regelfall die Hoheit des Kalifats anerkannt und damit die Einheit gewahrt. Das geschah auch in Zeiten, wo z.B. die ʿAbbāsiden außerstande gewesen waren, die Einheit des Reiches militärisch zu verteidigen.

Das Kalifat errechnet von 632 bis 1258 hatte einen Bestand von weit mehr als sechshundert Jahren. In ihrer relativen Einheitlichkeit ist es eine der längsten Epochen der Menschheitsgeschichte. Es spricht für die stabilisierenden Faktoren des gesellschaftspolitischen Systems: Gerechtigkeit und Toleranz.
Das Kalifat ist auch die Zeit der größten Verbreitung der arabischen Sprache. Zwangsarabisierungen und Zwangsislamisierungen hat es nicht gegeben und wenn überhaupt, waren sie eine große Ausnahme. Es herrschte vielmehr eine ausgeprägte Toleranzkultur.

Ṭūlūniden (868-935)
Schon seit dem Jahre 869 hat sich Ägypten als autonomer Staat verselbstständigt. Das Land am Nil übt erstmalig wieder seit 30 v.Chr. (Ende der Herrschaftszeit der Kleopatra VII.) die Selbstherrschaft. Memphis ist wieder Hauptstadt. Unter den Ṭūlūniden werden entscheidende progressive Maßnahmen durchgeführt. Projekte auf allen Bereichen der Versorgung und des Fortschritts werden realisiert. Krankenhäuser werden erbaut und mit fließendem Wasser ausgestattet.

Ichschididen (Iḫšididen) (935-969)
Der Machtwechsel zu den Ichschididen findet friedlich statt. Hauptrepräsentant der Dynastie ist Kafūr, der vom al-Mutanabbī bedacht wurde. Mutanabbī widmete Kafūr ein Lobesgedicht. Bei der Belohnung des Dichters erwies sich der geizige König aber als zu knauserig. Dafür re-

vanchierte al-Mutanabbī sich mit einem Schmähgedicht. Mit diesem ungerechtfertigtem Ruf ging Kafūr in die Geschichte ein.

Fāṭimiden (969-1171)
Auf die Ichschididen (Iḫšididen) folgten die Fāṭimiden. Beim Wechsel von drei Dynastien verzeichnet der Staat große Kontinuität. Selbst in personeller Hinsicht wurde die Beamtenschaft nicht ausgewechselt, was am Beispiel des Kanzlers Yaʿqūb b. Killis deutlich wird.
Den Ṭūlūniden und Ichschididen folgten die Fāṭimiden, welche seit 969 von Kairo aus regieren. Sie rufen ein Gegenkalifat aus.
Syrien entscheidet sich für den Qarmaṭenstaat, ohne daß es deshalb zu Rivalitäten zwischen Syrien und Ägypten kommt.
Die Fāṭimiden haben sich passiv gegen die Aggressionen der Kreuzfahrer verhalten, eine Politik, die zu ihrem endgültigen Sturz führte.

Ayyūbiden (1171-1259)
Ägypten beruft den syrisch-irakischen General Ṣalāḥ ad-Dīn. Die beiden Staaten, Syrien und Ägypten vereinen sich unter seiner Führung. Der Ayyūbidenstaat wird ausgerufen. Er geht in die Geschichte als ein System der absoluten Toleranz und des Fortschritts ein.
Unter den Ayyūbiden nehmen die angegriffenen arabischen Staaten den Befreiungskampf gegen die europäischen Aggressoren entschlossen auf.

Mamlūken (1259-1517)
Im Jahr 1258 hört die Herrschaft der ʿAbbāsiden auf. Mit ihrem Niedergang endet die Institution „Kalifat“ Im Anschluß daran wird Šağarat ad-Durr 1259 zur „Sultanin von Ägypten und Königin der Muslime“ ausgerufen. Dieses Ereignis markiert eine bedeutsame Wende der arabischen Geschichte. Šağarat ad-Durr – aus der Ayyūbidentradition hervorgegangen entzog damit dem Kalifat – endgültig – die Herrschaftslegitimation und begründete die Ära der Mamlūken, welche die säkulare Gesellschaftspolitik Ägyptens und Syriens fortsetzen. Dem tut es keinen Abbruch, daß die Mamlūken die leiblichen Nachfolger der ʿAbbāsiden nach Kairo berufen, um damit ihrer Herrschaft eine Legitimation zu geben. Die Nachfolger fungierten als Scheinkalifen ohne reale Macht. Die Mamlūken entstammten keinem Königsgeschlecht. Vielmehr waren sie ursprünglich, wie der Name „Mamlūk“ sagt, Sklaven, die zur Macht ge-

langt sind. Die Nachkommen der ʿAbbāsiden sollten durch ihre Abstammung aus einem Herrschergeschlecht den Mamlūken die Legitimation besorgen. Real waren die ʿAbbāsiden in Kairo nichts mehr als Scheinkalifen. Das Kalifat war schon 1258 unwiderruflich zu Ende gegangen. Die Mamlūken setzten Traditionen des Arabisch-islamischen Weltreiches, doch ohne Kalifat, fort.

Unter den Mamlūken wird die Einheit Syriens mit Ägypten fortgesetzt.[7]

Die Epoche des arabisch-islamischen Weltreiches (632-1517) prägt nachhaltig die Weltgeschichte und -zivilisation. Auch in der Folgezeit unter den Osmanen hat der arabische Raum seine Identität bewahrt und sein Zusammengehörigkeitsbewußtsein standhaft aufrechterhalten. Die lange gemeinsame Geschichte bewährte sich erst in der Abwehr gegen die Osmanen und später den europäischen Imperialismus.

Die Befreiung vom Imperialismus wurde von Ägypten aus – als erstem unabhängig gewordenen Staat – in die anderen Länder Afrikas und Asiens getragen. Arabische und andere Befreiungsbewegungen wurden von Ägypten aus unterstützt. Eindrucksvoll ist die Beobachtung, daß im afrikanischen Kontinent die Staaten systematisch gemäß ihrer geographischen Nähe zu Ägypten der Reihe nach ihre Unabhängigkeit und Souveränität wieder erkämpfen konnten.

Wenn wir die Langzeitgeschichte von arabischen und islamischen Staaten in eine Synopse einordnen, wird die weitgehende Identität der Epochen geradezu ins Auge springen. Die über Epochen reichenden Gemeinsamkeiten haben zur Vereinheitlichung von Interessen und zur Entfaltung von Kultur geführt. Kunst, Musik, Wissenschaft und Literatur konnten sich in großen Räumen entwickeln und zur Bereicherung der Weltzivilisation beitragen. Nur bei Zusammenschlüssen konnten sich wirtschaftliche Integrität und Autarkie über lange Zeit stabilisieren. Ausbeutung und Armut konnten vermieden werden.

---

[7] Zur Fortsetzung der Geschichte mit den Osmanen verweisen wir auf unsere Ausführungen weiter oben im ersten Teil: „Abriß der Langzeitgeschichte Syriens".

Wer sind die Araber?
Erst an dieser Stelle unserer Reflexion lassen sich die Merkmale der historischen und kulturellen Einheit der arabischen Welt guten Gewissens nennen, da sie jetzt unmißverständlich erwähnt werden können. Anders als Autoren, welche Wirkungen und Ursachen verwechseln, wollen wir die Beziehungen wieder auf die Füße stellen.
Da ist zunächst die *arabische Sprache*. Sie ist die flächenmäßig am weitesten verbreitete Sprache der Welt. Vom Atlantik im Westen bis östlich des Tigris und des arabischen Golfs besteht ein einheitliches Medium der Kommunikation. Kein Bürger Marokkos ist im Irak fremd. Der Ausdruck „Ausländer" (ağnabī) wird in keinem arabischen Land über andere Araber verwendet. Die Einheit existiert real trotz des Sykes-Picot-Diktats (16. Mai 1916) und der willkürlich vom Imperialismus gezogenen Grenzen, die leider noch nicht überwunden wurden.

Da sind *gemeinsame Religionen und Konfessionen.*
Als ein zweites einigendes Element ist die Religion zu nennen. Sicher ist, daß die arabischen Völker zutiefst religiös sind und sich in Frömmigkeit üben. Die Religion der großen Mehrheit ist der Islam. Die lange Ökumene von Muslimen und christlichen Arabern hat zu ihrer großen Annäherung geführt. Neben diesen beiden Religionen bestehen zahlreiche andere.

Der Islam hat weltweit eine größere Verbreitung als die arabische Sprache, doch läßt er sich vom Arabischen nicht abkoppeln. Dadurch ist arabische Kultur viel stärker präsent und zwar weiter als über die national definierten arabischen Staaten hinaus. Zwischen diesen und ihren Nachbarstaaten in Asien und Afrika besteht keine Kulturgrenze. Arabisch ist die in Afrika am weitesten verbreitete Sprache. Sie ist neben Äthiopisch die einzige amtlich und akademisch verwendete Schriftsprache Afrikas. Nicht nur für die afrikanischen Wissenschaften, sondern für die Wissenschaft überhaupt ist Arabisch unentbehrlich. Denn über ein Jahrtausend – vom siebten bis zum achtzehnten Jahrhundert – war Arabisch die hauptsächliche, streckenweise die einzige Sprache von Wissenschaft und Philosophie auf dem ganzen Globus. Auch nichtarabische Wissenschaftler und Philosophen bedienten sich des Arabischen. Dieses Erbe hat maßgeblich und nachhaltig die Weltzivilisation geprägt.

Vor diesem Hintergrund ist die Frage, wer und was ist „arabisch", relativ leichter zu beantworten. „Arabisch" ist eine kulturhistorisch gewachsene Identität. Die arabischen Völker sind zusammengeschmolzen durch gemeinsame Geschichte, Kultur, Sprache und Religion(en). Verbunden sind sie durch die Realität der Gegenwart. Arabisch ist keine geschlossene, sondern im weitesten Sinne offene Kultur. Alle, die sich dazugehörig fühlen, sind Araber – ob in den Staaten, die sich ausdrücklich als arabisch definieren, oder die außerhalb dieser Weltregion, z.B. in Afrika oder Asien, liegen.

Arabische Sprache, gemeinsame Orientierungen, Teilung von Leid und Freud und andere Gemeinsamkeiten sind in Wirklichkeit nicht die Ursache, sondern die Wirkung eines historisch erwachsenen Bewußtseins der Zusammengehörigkeit.

Die eben ausgeführten Aspekte zusammen sind nur die eine Seite. Es gibt noch eine andere, nicht weniger bedeutsame Seite. Was ist nun die andere Seite, der andere Aspekt der Dimension „Arabisch"? Die Araber verstehen sich nicht als eigene Ethnie. Sie grenzen sich nicht gegen andere Menschen rund um den Globus ab. Schon unter den ʿAbbāsiden vor über 1000 Jahren wurde die persische aš-Šuʿūbīya, d.h. der Ethnozentrismus, heftig kritisiert. Der Nächste ist der Fernste. Der Fremdeste ist ebenso bei uns zu Hause wie die eigenen Eltern, Geschwister und Kinder. Wer Araber im ethnischen Sinne versteht hat nichts begriffen. AraberInnen verstehen sich als Gleichberechtigte und Gleichgestellte mit allen anderen Völkern und Kulturen. Beides zusammen, die eine und die andere Seite, vervollkommnen die Definition, was „Arabisch" ist.

Wer nun die Araber seien, und was die arabische Identität sei, sind nun Fragen, die sich jetzt leichter beantworten lassen. Araber zu sein, ist keine ethnische Frage mehr. Die arabische Gesellschaft ist eine historisch gewachsene Realität.
Die arabische Welt war schon immer eine multikulturelle Gesellschaft, in der alle Menschen gleichgestellt zusammenleben können, ungeachtet der Hautfarbe und der Religionszugehörigkeit. Syrien ist im Weltmaßstab eines der besten Beispiele dafür.
Es gibt keine arabische Rasse. Wenn es überhaupt eine Rasse gäbe, so gibt es unter den Menschen nur eine einzige: Die Menschheit in ihrer Gesamtheit.

Der neuzeitlich in alle Weltgegenden eingreifende Imperialismus störte den Humanismus und Universalismus und zwar nicht nur in der arabischen Region, sondern weltweit. Die arabische Welt wurde empfindlich gestört. Der große Reichtum der Region wurde nicht mehr zum Wohle aller genutzt und erneuert, sondern zum Privileg einiger weniger Oligarchien, die mit dem Imperialismus voll kollaborieren. Das arme Hinterland wurde von den reichen Quellen abgekoppelt. Gegensätze bildeten sich heraus. Klassenwidersprüche bestimmen die Beziehungen zwischen den verarmten Massen und den überprivilegierten Oligarchien.

Der Imperialismus lebt vom Prinzip *divide et impera.*
Er zerstückelt Volksgemeinschaften und -gruppen.
Er dividiert zusammengehörige Einheiten.
Er ist biophob und nekrophil.

Hingegen erinnert die arabische Kultur an die Einheit aller Völker und nicht nur der Araber. Die Menschheit ist mit einer einzigen Gruppe angetreten. Nur in ihrer Einheit ohne Unterscheidung und ohne Unterdrükkung ist Humanismus möglich. Freiheit, Gleichstellung und Gerechtigkeit sind unabdingbare Werte. Militarismus, Rüstung und Krieg müssen für immer geächtet werden. Der Weg führt nur durch die Zerschlagung des Imperialismus und Etablierung des Weltfriedens.
Für den Imperialismus ist der Friede gefährlicher als der Krieg.

Bei alledem haben die Unterdrückten und ausgebeuteten Massen ihre Menschlichkeit bewahrt. Sie kämpfen für eigene Freiheit und für den Weltfrieden.
Imperialismus und Oligarchien erweisen sich als unbelehrbar.
Wir hoffen indes, daß letztendlich das Gute über das Böse siegt.
Der arabischer Frühling entfaltet sich nicht in Freiheit. Entwicklungen verlaufen in der Geschichte nie geradlinig. Auf die Revolution folgt die Konterrevolution.

Was besitzen denn die Besitzlosen? Sicher ein über historische Epochen erwachsener Kodex der Ethik und Moral, also genau das, was der Imperialismus nicht aufzubieten vermag. Die Besitzlosen, verarmten und verachteten Menschen sind darum reicher. Sie mögen siegen durch die moralische Kraft und die Entfaltung der latenten Potentiale.

Die gegenwärtig eingetretene Realität der Spaltung und des Separatismus muß überwunden werden.

Die Forderung lautet jetzt, die humanistisch geprägte Gemeinschaft wiederaufzubauen.

Es liegt an uns, Menschen guten Willens in aller Welt, daß wir unsere Erde nicht den Zerstörern überlassen, sondern mit geeinten Kräften retten. Die verbindenden Elemente der Solidarität, Geschlossenheit und Einheit stehen vor der historischen Wende. Gestärkt durch die Überzeugung, daß Gerechtigkeit überlegener ist als Unrecht, kämpfen weiter für den Erhalt der Schöpfung und daß auch Generationen nach uns eine Welt vorfinden, in der sie in Würde und Wohlstand leben können.
Auf dem Boden des Universalismus, Humanismus und Einheit mögen unsere Nachkommen ein Erbe überliefert bekommen, das unkorrumpiert ist und das ihnen ein menschenwürdiges Leben möglich macht.

Karam Khella

Anhang
Chronik zur syrischen Gesichte

3.-2. Jh.	v.Chr. Aram umfaßt das Gebiet zwischen Libanon und Tigris, Anatolien über den Euphrat und bis Arabien. Es steht in fester freundschaftlicher Verbindung mit Ägypten. Zu Aram gehörte auch Zypern, wo heute noch reichlich aramäische Funde ausgegraben werden. Aus Arabien findet eine starke Süd-Nord-Wanderung statt.
539 v.Chr.	gerät Syrien, das bisherige Aram, unter die Herrschaft der persischen Achaimeniden.
539-333	Aram unter der Herrschaft der Achaimeniden.
333 v.Chr.	Befreiung Syriens und anderer besetzter Länder von der Herrschaft der imperialistischen Achaimeniden durch den Feldzug Alexanders d.Gr.
323 v.Chr	Tod Alexanders. Ihm folgen die Diadochen. Die Ptolemäer regieren in Ägypten, die Seleukiden in Syrien. Von diesen wird Seleukia als syrische Hauptstadt errichtet.
323-312	Syrien unter der Herrschaft der Seleukiden.
312	Schon im Jahr 312 vor Christus wurde Syrien in das arabische Reich unter den mächtigen Nabatäern eingegliedert. Die Seleukiden wurden nach Osten gedrängt. Wiederholte Versuche Roms, Syrien zu besetzen, werden zurückgeschlagen.
4. Jh.	v.Chr. bis 2. Jh. n.Chr. Der Nabatäerstaat umfaßt Syrien, Jordanien und Arabien. Er ist die eigentliche Supermacht der Epoche. Im Gegensatz zu Rom war Nabatia eine Friedensmacht, stark und unbesiegbar.
34 n.Chr	In Damaskus findet die Bekehrung des Saulus zu Paulus statt (Apg. Kap. 9).
49-64	Apostel Paulus wählt Damaskus als Sitz für seine apostolische Tätigkeit. Von hier aus schrieb er die Briefe (Episteln), von denen nur ein Teil erhalten und in das Neue Testament aufgenommen ist.
66	Die Römer besetzen Palästina. Vor ihrer grausamen Verfolgung fliehen die Christen nach Syrien, Jordanien, Arabien und Irak.

3. Jh.	Königreich von Tadmūr (Palmyra). Stabilisierung der Unabhängigkeit und Souveränität Syriens.
333-634	Eingliederung Syriens in das Byzantinische Reich.
451	Synode von Chalkedon. Die Römische und die Byzantinische Kirche beschließen den Dualismus als kirchliches Dogma. Ägypten und Syrien wehren sich und vereidigen das Prinzip „Einheit“. Kopten und Syrer werden heftig verfolgt. Erst die arabische Eroberung 634 (Syrien) und 640 (Ägypten) beendet die Repressionen durch Byzanz, Rom und die Reichskirche.
569	Geburt Muḥammads, des Stifters des Islams, in Mekka.
610	Muḥammad stellt sich mit prophetischem Anspruch der Öffentlichkeit in Mekka vor.
622	Hiğra, die Migration Muḥammads und seiner Gefährten von Mekka nach Madīna, um sich der Verfolgung durch die Quraišiten zu entziehen. Beginn der islamischen Zeitrechnung gemäß dem Mondkalender (622 n.Chr. = Jahr Null Hiğri).
632-660	Herrschaft der ersten vier Kalifen. Sie regierten von Madīna aus. Nur diese vier Kalifen werden gleichermaßen von Sunniten und Schiʿīten (Šiʿīten) anerkannt, daher auch Konsenskalifen genannt.
634	Befreiung Syriens von der byzantinischen Herrschaft.
660-750	Das Kalifat von Damaskus. Die Umayyaden verlegen die Hauptstadt des Arabisch-islamischen Reichs von Madīna nach Damaskus. Unter den Umayyaden expandiert das Arabisch-islamische Reich und dehnt sich von der chinesischen Grenze und dem Fergana-Tal bis Poitiers an der Loire in Frankreich aus.
685-705	Regierungszeit des Kalifen ʿAbd al-Malik. Er begründet eine Verwaltungs- und Sprachreform.
670-754	Johannes von Damaskus (Yuḥanna ad-Dimašqī), geb. zwischen 650 und 670, starb vor 754. Im Jahr 700 wurde er vom Kalifen Yazīd II. zum Finanzminister des Reichs ernannt. Nach Jahren verdienter offizieller Tätigkeit entschloß er sich zur Askese. Er legt sein Staatsamt nieder und wurde Mönch im Kloster Mar Sābā bei Bait al-Maqdis (Jerusalem) in Palästina. Er verfaßte seine Werke auf Arabisch, seiner Muttersprache. Sie wurden in viele Sprachen übersetzt, mit dem Griechischen beginnend. Sein Hauptwerk, die *„Quelle der*

	Erkenntnis“, ist eine grundlegende Darlegung des christlichen Glaubens. Außerdem verfaßte er Homilien, Meditationen, Hymnen und asketische Schriften. Johannes Damaskinos ist ein bedeutsamer Kirchenvater der orthodoxen Kirchen. Seine Werke wurde früh ins Lateinische übersetzt, beeinflußten stark Albertus Magnus und Thomas Aquinus. Sie trugen maßgeblich zur Entstehung der europäischen Theologie bei. Gedenktag ist der 4. Dezember.
750-1158	Kalifat von Baġdād. Die ʿAbbāsiden verlegen die Reichshauptstadt von Damaskus nach Baġdād (fertig erbaut 754 unter Manṣūr). Nur ein Zweig der Umayyaden weigert sich, die Herrschaft der ʿAbbāsiden anzuerkennen. Die Umayyaden setzen ihre Herrschaft von der Iberischen Halbinsel aus fort. Sie regieren über al-Andalus und al-Maghreb. Die ʿAbbāsiden haben die Abspaltung akzeptiert.
868-935	Ṭūlūniden
935-969	Ichschididen (Iḫšididen)
969-1171	Fāṭimiden
Seit 970	nachweisbare Wirkung der Iḫwān aṣ-Ṣafāʾ, der Lauteren Geschwister.
Zehntes bis	Vierzehntes Jahrhundert: Ära der Qarmaṭen. In Syrien haben sie Ausbildungszentren errichtet.
1096-1292	Aggressionen der Kreuzfahrer gegen Syrien und den arabischen Osten und später Ägypten.
1258	Die Mongolen erobern Baġdād. 632 wurde das Kalifat in Madīna begründet, im Jahr 1258 hört es endgültig auf zu bestehen. Über sechshundert Jahre existierte eine gemeinsame Geschichte der arabischen Völker.
1171-1259	Herrschaftszeit der Ayyūbiden. Syrien und Ägypten vereinen sich. Sie führen den Befreiungskampf gegen die Kreuzfahrer bis zum Sieg über die europäischen Aggressoren gemeinsam durch.
1259-1517	Herrschaftszeit der Mamlūken. Unter ihnen werden die Kreuzfahrer aus dem arabischen Raum endgültig vertreiben. Die erste Mamlūkenepoche war eine Blütezeit von Literatur und Kultur. In ihrer Epoche wurden die Geschichten aus Tausendundeine Nacht in Ägypten geschrieben.
1292	Die letzten Kreuzfahrer verlassen den arabischen Osten.

1517-1917	Der gemeinsame Verlauf der arabischen Geschichte geht trotz der Osmanischen Herrschaft weiter.
1516	eroberten die Osmanen Damaskus,
1517	Kairo,
1518	al-Maġrib (Maghreb) und Nordafrika.
1516-1917	Syrien unter der Herrschaft der Osmanen bis auf das Intervall:
1831-1841	Arabischer Einheitsstaat mit Muḥammad ʿAlī als Staatsoberhaupt. Die europäischen Medien inszenieren eine sog. „orientalische Krise“.
16.05.1916	Sykes-Picot-Abkommen
1917	gesamtarabischer Aufstand gegen die Osmanen. Damit endet ihre Herrschaft.
1919-1920	Syrien erklärt seine Unabhängigkeit und beruft den „Allgemeinen Syrischen Nationalkongreß (ASN)“ ein. Das gesamte syrische Volk ist vertreten. Er tagt unter Beteiligung internationaler Repräsentanten.
1919-1920	Tätigkeitszeit des Allgemeinen Syrischen Nationalkongresses (ASN) 03.06.1919-19. 07.1920.
1920	Frankreich bombardiert Syrien. Unter Einsatz der englischen Luftwaffe RAF werden große Teile Syriens in verbrannte Erde verwandelt. Die Aufständischen ziehen nach Maysalūn. Von hier setzen sie den Widerstand fort. Frankreich richtet an den Syrern ein Blutbad an. Das Massaker bei Maysalūn beendet den Aufstand, an dem Massen von Menschen sterben mußten.
1946	Syrien erkämpft die Unabhängigkeit und proklamiert die „Syrische Republik“.
1958-1961	Syrien und Ägypten vereinen sich zur „Vereinigten Arabischen Republik (VAR)“ unter dem gemeinsamen Präsidenten Gamal ʿAbd an-Nāṣir. Nachfolger der VAR sind die „Arabische Republik Syrien“ und „Arabische Republik Ägypten“.
1963	Regierungsantritt der „Baʿṯ-Partei“.
1967	Israel greift Syrien, Jordanien, Ägypten und Palästina an. Israel besetzt unter anderem die syrischen Golanhöhen. Von dort bedroht es einen Großteil Syriens. Durch die Kontrolle über die Wasserquellen der Golanhöhen verursacht Israel Wasserknappheit in Syrien.

17.07.2000 Baššār al-Asad tritt die Nachfolge seines Vaters nach dessen Tod an.
Wiederwahl 2007 auf weitere sieben Jahre.

März 2011 Beginn von Unruhen in Syrien.
Seit März 2011 führen die imperialistischen Staaten den subversiven Sabotage- und Terrorkrieg gegen das syrische Volk.
Durch Interventionismus wird der Krieg gegen das syrische Volk und seinen Staat von innerhalb Syriens her geführt.

2012 Der größte Teil des syrischen Volks vereint sich gegen Imperialismus und Interventionismus.
Die Nachbarvölker solidarisieren sich mit Syrien. Zuversichtlich beobachten wir den Restabilisierungsprozeß in Syrien und in der arabischen Region.

Im Verlauf des 20. Jahrhunderts haben die imperialistischen Mächte Territorien Syriens vom Mutterland abgetrennt und auf proimperialistische Nachbarländer verteilt. Von dieser Aufteilung profitieren insbesondere Israel und die Türkei. Die Annektion Israels von syrischen Territorien, den Golanhöhen, besteht fort, gegen alles Völkerrecht.

Die Region Iskanderun mit der antiken syrischen Hauptstadt Antiochien wurde von der Türkei annektiert. Der Anspruch Syriens auf dieses Gebiet ist nicht verfallen; der Internationale Gerichtshof hat wegen der bewußten Verschleppung der USA noch keine Entscheidung getroffen.

So sehen wir auf der Karte den Nationalstaat Syrien mit seiner Hauptstadt Damaskus, reduziert durch die oben genannten Gebiete.

Personen- Orts- und Sachregister